JN311572

中学校国語科表現指導の探究

宝代地まり子

溪水社

まえがき

長い年月、中学校国語科学習指導にひたむきに取り組んでこられた、宝代地まり子さんが自らの実践事例をまとめ、『中学校国語科表現指導の探究』として刊行されることになった。年来、意欲的に取り組まれた、表現力育成の営みには、中学校作文指導に求められる、確かな理論構築が主体的になされており、あわせて学習者研究が学力・学習・個別・集団の面からも進められている。

宝代地まり子さんの場合、文学教材（作品・随想）、古典教材（「徒然草」・「平家物語」・「万葉集」）、韻文教材（俳句・短歌・はがき歌）が取り上げられ、いずれの場合も、〃理解と表現の一体化〃をめざして学習指導が進められ、指導者として十分に手応えを感じ、しかも冷静に考察・評価がなされている。

古典教材に関しても、自主編成がなされ、清新な展開が企てられ、注目すべき成果が挙げられている。韻文教材においても、俳句・短歌の教材としての価値が透視され、綿密な計画、自在な指導・支援がなされている。「はがき歌」の学習指導も、韻文指導の前段階に位置づけて進めるという試みがなされている。

さらに、特別教育活動と連携して試みられた、意見文の学習指導、本作り、パンフレット作りの学習指導も、注目すべき取り組みがまとめられており、それぞれに成果が挙げられている。生徒たちの文章を〃書く〃環境をどう整えていくかについても、短作文、学年だより、学級だより、文集作りなど、細やかな心配りがみられる。

『中学校国語科表現指導の探究』は、全力傾注をして取り組まれた、宝代地まり子さんの望ましい表現力育成の模索の域を出て探究の境に立った、みごとな試行の集成と認められる。気魄のこもった清新な表現指導が新たに生み出されたことを心から喜びたい。

宝代地まり子さんは、年来、国語教育実践理論の会（ＫＺＲ）に入り、その合宿研究・研修に参加して、毎回のように発表・報告をつづけ、指導助言を受けつつ、自己の国語科授業力・実践研究力を高めていくことに努められた。現職教員として派遣され、大学院にあって研鑽を積む時点では、菅原稔教授から心のこもった指導を受けられ、また、巳野欣一先生（奈良）のすぐれた実践、実践理論に多くのことを学びつつ、精励をつづけられた。

宝代地まり子さんは、国語科教育実践者として、実践研究者として、自ら必死に学びつつ、自らの学習指導力を確かで豊かなものとしていく修練を営々とつづけられ、自らの個性的で独創性に富む表現力育成の実践を確かに営まれ、それらの一つひとつがしっかりととらえられた。そこには注目に値する一つの典型が見い出されるように思われる。

学習者たちとの出会いに恵まれ、共に実践し、研修・研究を重ねていく指導者としての人間関係に恵まれた、宝代地まり子さんが、現職実践期から一層自在に取り組まれる生涯実践研究期へ新しく入られて、一段と独創性に富む、充実した、中学校国語科学習指導の研究を進められ、結実させられるよう心から期待してやまない。

平成十三（二〇〇一）年七月九日

広島大学名誉教授
鳴門教育大学名誉教授　野　地　潤　家

はじめに

表現の学習指導の探究は、国語教師として本然の仕事であるが、その課題もまた大きい。昨年春、中学校国語教師としての生活に終止符を打つことになった。その間を振り返れば、時々の国語教室で出会った学習者の心のひだに触れて目覚め、また、読みの学習指導を豊かにしたいという道のりの中で、いつしか表現の学習指導へとつながっていったように思う。それは同時に、自立した学習者をどう育てるのかという問いへの答えになるという認識にもつながっていった。迷い、迷い、道を歩きつつ突然ふっと展望が開けたり、お出会いした方に道を尋ねてまた次の道をたどるという勘を頼りの実践であったが、行き着く所は表現の学習指導という場であった。

幸いなことにこの表現の学習指導の探究の過程に、現職に席をおいたまま内地留学を許され、兵庫教育大学大学院の菅原稔教授のもとで表現指導の研究に取り組ませて戴く機会を得た。菅原稔教授のご指導により、戦後の中学校国語科表現指導の先達の一人である巳野欣一先生の実践理論に学ばせて戴いた。巳野欣一先生の実践をたどる中で、課題条件法をはじめとする表現指導法が説明的文章の表現指導に有効な指導法であると共に、理解と表現との関連指導においても効果を発揮する指導法であることに気づいていった。そして、表現指導に地図と磁石が備わっていること、多くの先達がその導きの備えをして下さっていることへの認識も持つことができるようになった。

院を卒業後の三年間、一年生から三年生まで学年を預かりながら国語科の担当として持ち上がる機会を得ることとなった。学習者を中心にした学習指導のありようを模索したいと考える三年間であったが、それは、同時に理解における表現の取り込みとなり、結果的に巳野欣一先生の実践理論の実証研究ということとも重なっていった。そのことは、過去の私自身の理解と表現の一体化をめざした形の学習指導の展開についてもその必然性を見出す機会ともなった。

まだまだ勉強が足りず全体として見えていないもどかしさがあるが、実践の一区切りを迎えた今、実証授業の意味も一部持つ私の三年間の実践を中心にまず報告をしたいと考える。続いて、その実践の根本となった巳野欣一先生の国語科表現指導論に立ち返り、その実践理論について考察を深め、稿を改めて報告したいと考えている。そのことを通して、私自身の実践指導の中留めとし、今後に活かしていくとともに、戦後半世紀が過ぎた中学校国語教室の今日的課題の解明の一助にしていければと願っている。

中学校国語科表現指導の探究　目次

第Ⅱ章　理解と表現の一体化をめざした学習指導――文学

中学校国語科表現指導の探究

第Ⅰ章　表現力を育てる国語科学習指導をめざして

一　表現力を育てる学習指導の領域と指導法
――先達の理論に学ぶ――

教育課程の改訂と共に、国語科の時数も削減されている。その一方で、表現力の向上に対する声は高い。これまでの改訂においても表現力の向上への要望は強かった。にも関わらず実践現場での受け止めはさまざまであった。もちろんディベートや討論といった音声表現指導の実践が国語科のみならず他教科でも実施されだし、今日の教育課題に応える報告も多々出てきている。しかし、時数の削減されるなか、新しい表現力に対する課題が登場すればこそ、どの場でどのように表現指導を展開するのか、理解指導との関連をどのように整理していくのか、国語科としての見通しを持つことがまず大切であると考える。また、表現指導のなかでも「書く」という認識や思考そのものに関わる分野をどう位置付けていくのかという課題もある。そのことへの指針を私は次の二つの論稿に見出している。

（一）「中学校作文指導の組織化」野地潤家氏――整理と統合

「中学校作文指導の組織化」は、野地潤家先生が『作文指導論』（共文社　一九七五〔昭和五〇〕年五月一日　一二三五頁）

に収めておられる二四のご論考の一つである。このご論考の初出は、一九五八（昭和三三）年一〇月（『この子をどう導くか』Ⅳ、広島県文集編集委員会）であり、時期的にみて「作文・綴り方教育論争」のさなかに執筆されたものであることがうかがえる。

野地潤家先生は、このような時期にあって、国語科作文・綴り方教育を、教育内容論ないし教科構造論の立場から見据え、中学校の作文指導実践の方向をどのように組織化していけばいいのか、あるべき実践の方向を見定めて明らかにしておられる。そこには、中学校における作文指導の問題を、「一実践主体（指導者）の熱意や努力の問題」（一一〇ページ）にのみ還元して考えるのではなく、その視点を学校社会における作文指導の体制の整備から考えていこうとする独自性と識見をうかがうことができる。

なぜ、中学校において作文指導の体制の整備が必要となるかについては、教科担任制ということに起因する。したがって、学習者が書く多様な場の全体を一実践主体（指導者）が網羅してとらえられないのが普通である。また、国語科作文指導に限っても、多人数で多様な学習者の作文を処理することは難しく、分量を制限しなければ、そこに、「中学校作文指導の停滞」という現象が生じかねない。さらに、中学生という発達段階における心理的な側面も生じてくる。それら複合的な問題点に、野地潤家先生は「組織化」という視点からの解明を行って下さったと、うかがうことができる。

野地潤家先生は、作文指導における領域を

〈1〉基本領域――国語科で扱う。
〈2〉発展領域
　①　他教科指導で扱う。
　②　生活指導で扱う。

③　特別教育活動で扱う。

と大きく二つに大別され（一一〇ページ）、「〈1〉の基本領域――国語科で扱う。」においては、二つの提言を行って下さっている。一つめは、作文指導において、作文の停滞をふせぐために「作品形態をとる回数を制限し、分量を制限し、相互批正を介在させ、添削項目を分化させて、作品処理の能率をはかること」である。二つめは、そうした指導によってもたらされがちな「作品孤立主義」をのりこえていくために、「文集」などに集成していく方法である。また、国語科作文指導の基本領域を「①　生活史系列」「②　学習史系列」「③　感想史系列」にわけ、書かれた作品を記録・集成していくこと、とりわけ、「生活史系列」において集成統合することを述べられている。〈2〉の発展領域においても〈1〉の基本領域をふくみつつ、新たに集団史系列を加え、同様の集成方法が提案されている。

この整理と統合という視点の根底には、「各学習者の作文活動に一つの大きい目標と、拠点を与えるためにも必要であり」（一一七ページ）とあるように、学習者を中心に見据え、書くことを通して学習者の成長を願う慈愛にみちたまなざしを感じずにはいられない。まさしく『この子をどう導くか』の視点を見出すことができる。そこには、「生活指導か国語科指導か」の二元論ではなく、学習者の書く範囲に着目され、学習者の意欲、学習者の成長という面から一元論を展開されている柔軟な発想と、深い歴史研究に裏打ちされた卓越した識見をうかがうことができる。

私自身の実践も、「〈1〉基本領域――国語科で扱う。」と、「〈2〉発展領域」という領域区分、また、「作品形態をとる回数を制限し、分量を制限し、相互批正を介在させ、添削項目を分化させて、作品処理の能率をはかること」という発想の転換、さらに「文集」などに集成していくという方法論に学んでいる。したがって第Ⅱ章から第Ⅳ章までは国語科として、第Ⅴ章は発展領域の一つである特別活動との連携による実践報告という形をとった。

（二）『表現学序説―作文教育の改造』輿水実氏――再生作文による表現指導の可能性

機能的言語観という立場に立って、言語の機能を「一　自己表現の文章」「二　客観記述の文章」「三　他人への働きかけの文章」という三区分に分け、それぞれの機能に応じた表現指導の必要性を説いた輿水実氏は、一方、理解から表現へという作文領域の可能性も示唆されている。

輿水実氏は、一九六九（昭和四四）年に著わした『表現学序説――作文教育の改造』（明治図書）において、「作文は『何を』、『どう書くか』（書きあらわすか）という二つの仕事に分けて考えることができる。」（一六七ページ）として、「何を書くのか」という内容が与えられた再生的作文により、作文学習指導方法の変革を提唱されている。そして、古文などを現代語に言いかえる等の記述作業が作文の学習指導という認識を示しつつ、「読解においては、内容形式ともにずっと高度のものが教材になっているのがふつうで再生的な作文指導としてなされるだけの余裕がない場合が多い。」（一六九ページ）として、「読解や鑑賞よりも、それの言い換え、要項、まとめ等それなりに十分検討するような学習指導が必要である。」と述べられている。

この輿水実氏の再生的作文という提言は、指導の方法によっては自ずと書く機会をふやし、理解に傾きがちな国語教室からも、気軽に踏み込んでいける方法であると考える。輿水実氏が指摘されたように「何を書くのか」という発想指導が理解学習の中で自ずとなされることが多く、国語科の作文指導の負担を軽減すると共に、成就感という点からも魅力を感じさせてくれる領域であったからである。また、公立中学校の一学年六クラスから七クラスという中規模の学校において、二人から三人で教科指導にあたったときでも、表現力の向上を意図した指導展開を試みられるという現場の事情に対応できる方法論でもあるととらえられる。

その意味で、先に野地潤家先生が示された、「国語科作文指導の基本領域を『①　生活史系列』『②　学習史系列』『③　感想史系列』にわけ」の「②　学習史系列」「③　感想史系列」という視点と符合し、中学校国語科表現指導の重要な位置付けとしてとらえられると考えた。一方、それは、理解学習をどのように進めるのかという教材研究、学習者研究を当然伴う結果となり、中学校国語科学習指導の探究という全体の課題と関わってくる。

「第Ⅱ章　理解と表現の一体化をめざした学習指導――文学」「第Ⅲ章　理解と表現の一体化をめざした学習指導――古典」「第Ⅳ章　理解と表現の一体化をめざした学習指導――韻文」は、「読み」から「表現」へどう導いていったのかという報告である。

（三）「体系をふまえ見通しをもった指導を」巳野欣一氏――多様な作文指導法と作文学習構成法

読みから表現へと導くとき、「作文学習指導法」という作文の指導技術に着目し、その指導技術を使うことで学習者の必要に応える実践を試行してみた。この指導技術に関わって、従来あるものを整理すると共に新たに開発を続けて完成されたのが巳野欣一先生の「課題条件法」を中心とした作文学習指導法である。

昭和二三年から現在まで五〇年余り国語科教育に携わり、奈良教育大学教育学部附属中学校において、三二年間に及ぶ継続実践を行った巳野欣一先生は、作文指導の問題点を学習者と指導者の双方の立場から分析し、次の三点を挙げておられる。それは、「一　題材開発と書くことの場の設定の問題」「二　作文の指導過程、指導法の開発の問題」「三　作文の評価、処理の問題」である（注1）。

巳野欣一先生は、これらの課題について、それぞれ実践の場からの提案を行っておられるが、ことに「二」の「指導法の開発の問題」については次の六種の指導法に整理あるいは開発され、実践の場から具体的に提案を行っておられる（注2）。

(1)　知識法　作文に必要な知識を与えたり、過去の経験の知的整理をさせたりして自分の作文に役立たせる。

(2)　適用法（模倣法）　範文、見本文などを吟味し、内容や形式、技法などを模倣して書く。型のある文章の作文や特定の表現技法の習得には有効である。

(3)　案出法（創造法）　内容、形式とも、まったく自分で考え、判断し、案出する。「自作法」とも呼ばれた。

(4)　評価法　取材、構成、叙述また初稿→再稿などの発展や、二つ以上の観点を与えて評価させ改善させる。

(5)　練習法　特定の技能の取り立てによる練習学習。

(6)　課題条件法　課題や条件を与えてそれに応じて書かせる。

この六種の指導法の初出は『講座・国語科の指導法の改造3　中学校編』（全国大学国語教育学会編　明治図書　一九七二（昭和四七）年　一五一ページ）であり、早い時期から実践研究を行い、提案されている指導法であることがわかる。

巳野欣一先生の実践をたどるなかで、これらの指導法は、単独で、また必要に応じて複数を組み合わせた場合、生徒自らが書く方法を体得するための学習法とも置き換えることが可能であるととらえられる。私自身、生徒の書く力を育てるための基盤作りと、書き合い、読み合うなかで、共学び・共育ちの心を育みたいと考え、これら指導法を用いた教室での実践を試み、その有効性を検証しようと考えた。

第Ⅱ章「ぼくの防空壕」、第Ⅲ章「万葉集の学習指導」、第Ⅳ章「短歌の学習指導」、第Ⅴ章「意見文の学習指導」は、「課題条件法」および「適用法（模倣法）」の組み合わせを中心とした作文学習指導法を取り入れた実践指導である。また、第Ⅴ章「本作りの学習指導」は、簡素化はしたが「評価法」と「課題条件法」との組み合わせによる実践指導である。

これら以外は、「知識法」と「案出法」の組み合わせ、あるいは「案出法」そのものである。理解から表現へ導く橋として課題条件法をはじめとした指導法を組み合わせて実践を試みている。

以上、まず「（一）」の「領域の整理・統合」という視点から「第Ⅱ章」～「第Ⅴ章」を組み立てた。次いで、「第Ⅱ章」～「第Ⅳ章」までの基本領域に国語科表現指導として「再生作文」による表現指導の実践を中心として据えた。さらに、「第Ⅴ章」の発展領域として特別教育活動との連携を取りあげ、機能的作文指導をどのように展開していけるのか、その可能性を探った実践を掲載した。そして、それらの表現指導を支える方法として「（三）」の「多様な指導法」という方法論に学んだ指導実践を報告することとした。

二　学習者を中心に据えた学習指導の展開
――先達の理論に学ぶ――

（一）『国語学習学入門』増田信一氏――学習者中心の「学習」成立のための条件

理解学習に限らないが、「生き生きとした国語教育を」ということは、教室を預かるものにとっての願いである。しかしながら、理解学習において、学習者が生き生きと活動している場面というものは、私自身の教室経験やまた、他教室での多くの学習指導場面を拝見した経験からみてもなかなか難しいものである。どうしても、受容中心の指導展開になりがちな傾向があり、一実践主体の努力を超えて根本的な発想転換の必要があると感じることがあった。「第Ⅱ章　理解と表現の一体化をめざした学習指導―文学」「第Ⅲ章　理解と表現の一体化をめざした学習指導―

古典」「第Ⅳ章　理解と表現の一体化をめざした学習指導―韻文」という標題を記した背景には、表現を組み入れることで理解指導の指導展開および、学習者の取り組みに変化があらわれることを体験的に自覚したのが出発点であった。「韻文教材」から試み始め、やがて「古典」へ、そして、最終たどりついたのが文学教材であった。その意味で「第Ⅱ章」は意図的に理解と表現との関連を考え、実践した報告である。

『国語学習学入門』（学芸図書）を著わされた増田信一先生は、「教師主導型の教育」から「学習者中心の学習」への変革の必要を早くから提言されておられる。この著書は一九九三年七月に世に出されたものであるが、教職を目指された頃からの四〇年来の信念でもって、「学習者中心の学習」への変革を常々直接語りかけて下さっていた。

「第Ⅱ章　1『僕の防空壕』（野坂昭如）」の学習指導は、二年生一学期の実践であるが、そのレディネスとして、一年間の指導実践を踏まえている。試行錯誤であったがその典拠としたのは、次のご論稿である。

「学習の三要素」の第一に位置すべきものが「学習者」であることは、すぐに納得してもらえるが、第二に位置するものが問題となる。私は、それは「学習目標」であると考えている。「教育」においてはこの点があいまいなままであった。そのために、頭のなかでは分かっていても、「教科書を学ぶ」という間違った考えに取りつかれかねなかったのである。「教科書で学ぶ」と「教科書を学ぶ」とでは、まるで違うのだということをはっきりさせる上からも、学習目標を自分で設定することの大切なことを明らかにしておかなければならない。

「学習の三要素」の第三にくるのは何かということは大問題である。「教師」や「学習材」はどうなってしまったのかという問題も残っている。私は、第三にくるのは「環境」だと考えている。教師や学習材は、「環境」の中に含まれてしまうことになる（注3）。

学習の三要素

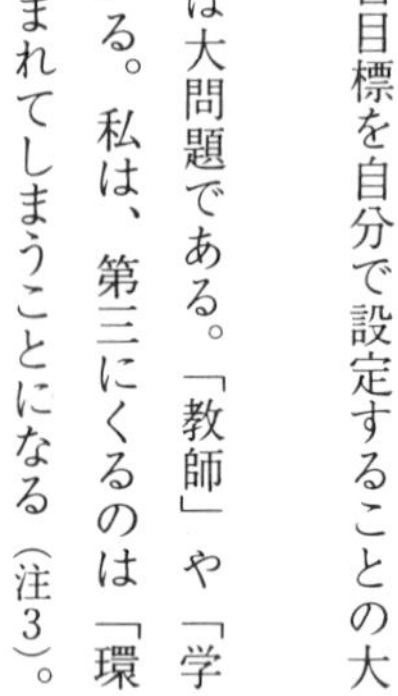

増田信一先生は、従来の「教科書・教師・子ども」という「教育の三要素」から「学習者・学習目標・環境」という「学習の三要素」を説かれ、「環境」を「人的環境としての教師」「物的環境としての学習材」と細分し、「学習者・学習目標」よりも一歩引き下がった存在として位置付けられている（注4）。支援者として、また、裏方の立場としての存在である。

自由主義教育の流れを踏まえてのご提案であったが、発想の転換が出来るまでには相当の時間がかかった。しかし、その契機となったのは、理解指導に表現指導を組み込んだ実践を重ねだしてからである。表現指導の学習場面においては自ずとこの図式と重なってくるととらえられる。学習者の意欲、思考、感性等、主体である学習者の能動的な動きがあって成立する領域である。表現指導では教科書はあくまでも参考資料であり、ない場合もある。教師は当然支援者である。

その意味で、表現力の向上を図るという学習指導と、学習者を中心に据えた学習指導とは、軌を一つにするものであるととらえられるようになった。「第Ⅲ章、第Ⅳ章」の実践は、古いものも混じっているが、それらを気づかせてくれた実践の報告でもある。

（二）『ひとり学びを育てる』斎藤喜門氏――「二類四層の国語学力」

一方、学習者中心の学習指導に切り換えた場合、国語学力をどのようにとらえるかということを、当然踏まえる必要が出てくる。増田信一先生の「教育の三要素」の学習目標と絡む課題である。このことに関連して、斎藤喜門先生は、著書『ひとり学びを育てる』において、増田信一先生と同じく一斉指導の限界をみつめ、『教えるから』『学ぶ』への一八〇度の発想転換をしなければならない」と、学びの基礎力としての国語学力を明らかにしておれる。斎藤喜門先生は、その本質と具体的方法の開拓をされながら、一類二層の一斉指導の国語学力から二類四層に変化する学びの学習の国語学力を、構造化した図とともに次のように示して下さっている。

一斉指導などの教師主導による学習指導では一類二層でよかったが、ひとり学びを実施していくときは、この二類四層のとらえ方の上に立って推進していかなければならない。それをしなかったので、「先生、国語はどうして勉強したらいいですか」とか、「国語の力をつけるにはどうしたらいいですか」との質問が飛び出してくるのである。――毎時間、その力をつけるのに苦心しているのにである。

次にこの学び方の技能の主なものとして次のように一三技能を取り出したい。これらは課題解決そのものの技能であったり、解決を側面から助ける技能であったりする。

一、課題把握の技能　二、課題解決構想技能(砕き方)　三、メモ・記録の技能　四、要約・抜粋の技能
五、ノート活用の技能　六、速読の技能　七、辞書・参考図書・資料活用の技能　八、図表作成の技能
九、レポート作成の技能　一〇、口答発表の技能　一一、話し合い・討議の技能　一二、書写技能
一三、反省評価の技能

これらは課題を解決し、学習を展開していくための生きて働く技能である。取り出し指導や利用指導によって高められていく。

これら一三の技能を眺めると、表現に関するものが多く目につく。経験的に拾いあげた結果こうなったが、表現と理解の関係がそうさせるものと思われる。理解は表現を通して確かめられる。確かめることによって正確さが期せられ、また、深められる。さらに他の人に伝達され、その批判を仰ぐこともできる。「ひとり学び」が、確かさや深さを得、それが他の人へ情報としてつたえられるには、すべて表現を通してなされる。そのよ

うな関係から「ひとり学び」は表現に支えられるといっていいかもしれない。表現に関する技能が多いのはこのような理由からである。

二類四層の国語学力

- 基礎的基本的能力
  - 基礎的知識（言語事項）
  - 基本的能力
    - 表現に関する言語能力
    - 理解に関する言語能力
- 課題解決力（学習能力）
  - 学び方技能
    - 具体的な文章や語の表現能力
    - 具体的な文章や語の理解力
  - 到達能力（生涯目標達成の能力）

（注5）

斎藤喜門先生は、「課題解決力」の下に「学び方技能」を置かれ、「具体的な文章や語の表現能力」「具体的な文章や語の理解力」がその下にくる学力であると示されている。その上で、「これらは課題を解決し、学習を展開していくための生きて働く技能である。取り出し指導や利用指導によって高められていく。これら一三の技能を眺めると、表現に関するものが多く目につく。経験的に拾いあげた結果こうなったが、表現と理解の関係がそうさせるものと思われる。理解は表現を通して確かめられる。確かめることによって正確さが期せられ、また、深められる。さらに他の人に伝達され、その批判を仰ぐこともできる。『ひとり学び』が、確かさや深さを得、それが他の人へ

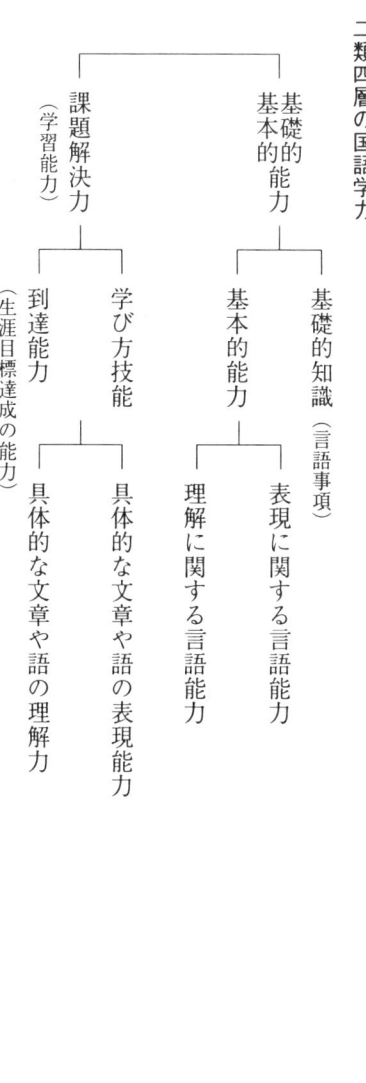

情報としてつたえられるには、すべて表現を通してなされる。そのような関係から『ひとり学び』は表現に支えられるといっていいかもしれない。表現に関する技能が多いのはこのような理由からである。」として、「表現に支えられた理解」という学習の構造を明らかにしておられる（注6）。

先にも触れたが、学習者を中心に据えた学習指導の場合学習者が学習課題を作り、討論や調べ学習といった音声表現・情報学習が組み込まれ、自ずと表現せざるを得ない学習状況となる。その意味で、理解と表現が自ずと関連し合う学習展開となる。その表現していく力そのものが国語学力であり、増田信一先生の学習目標とも重なってくるととらえる。

このような実践理論をふまえ、私の教室改革への試みとして「僕の防空壕」を第Ⅱ章冒頭に取りあげた。学習者を主体に据え、相互交信を図る中で文学の読みの力と表現力の向上を試みたものである。

(三)『現代学習集団づくり講話』吉本均氏——表現できる国語教室の基盤～応答的な関係の組織化

「ことばと心」が不即不離の関係であることは、言うまでもないが、解放され、風通しのよい国語教室でなければ、いかに学習者を中心に据えた活動を準備しても、心が閉ざされ、本然の声を挙げる学習活動とはなり得ないであろう。一人学びと共学びという学習場面を想定した時このことに視点を当てて「学習集団づくり」について提言をされた吉本均氏は、『現代学習集団づくり講話』の中で、次のように述べておられる。

授業における応答関係というのは、つまり、教材を介して、子どもと子ども、教師と子ども、その間の複雑な相互交流である。その複雑な応答的な関係というものを、どう構成し、どう展開していくかということが、つまりはわれわれの授業を指導していく、組織していく技術の問題であります。

この応答しあう関係というものを大きく、三つの次元でとらえることができるのではないかということ、そして、その三つのレベル、三つの次元における応答しあう関係の質を絶えず深め、高め、発展させていくということが、授業の展開を指導するわれわれの技術にならなければならない、というふうに考えております。

第一次元　応答しあう学習規律づくり
第二次元　応答的に働きかける発問づくり
第三次元　接続語による応答しあう過程律づくり　（注7）

吉本均氏は、三つのレベル、三つの次元における応答しあう関係として、「学習規律づくり」「応答的に働きかける発問づくり」「接続語による応答しあう過程律づくり」を示され、指導技術として必要なものと提示されている。「受身」でもなく、また単なる「群れ」でもない国語教室を経営していくための基盤であり、教科担任だけでは背負いきれない課題である。教科担任制の中学校であるからこそ、学校・学年・学級経営との連携で達成できる指導技術である。小学校での指導でこの技術を身につけて中学校に入学した生徒を預かったとき、その教室全体の学習展開が柔らかで、中学三年生の教室でも響き・響かせ合う教室が可能となる。

今日、コミュニケーション能力の向上が問われる中、学習者を中心に据えた共学びの国語教室を展開し、かつ、理解と表現を一体化しようと試みる場合、学習者相互の応答的な関係をどう作るかは、家に例えれば土台作りにあたるととらえられる。

この第一次元から第三次元への質的向上をめざし、また、学習者中心の発表学習を一年間継続指導したその基盤の上に第Ⅱ章の「僕の防空壕」の学習指導を行った。「僕の防空壕」は、その土台作りの試みの上に立って展開した実践報告である。

（注1）「国語科授業の創造的展開―作文指導」巳野欣一　一九八五〔昭和六〇〕年九～一一月　大阪府科学教育センター中学校・研修講座・国語　一二一ページ
（注2）「体系をふまえ見通しをもった指導を」巳野欣一　「月刊国語教育」誌一六〇号　日本国語教育学会　一九八五〔昭和六〇〕年九月号　一六ページ
（注3）『国語学習学入門』増田信一　学芸図書　一九九三〔平成五〕年七月　四五～四九ページ
（注4）同右　四九ページ
（注5）『ひとり学びを育てる』斎藤喜門　明治図書　一九八七〔昭和六二〕年三月　五六～五九ページ
（注6）同右　五九ページ
（注7）『現代学習集団づくり講話』吉本均　東方出版　一九八一〔昭和五八〕年五月

第Ⅱ章　理解と表現の一体化をめざした学習指導――文学

一　「僕の防空壕」（野坂昭如）の学習指導
――作品の呼び掛け構造と文学言語に着目して作品と対話する学習――

（一）　学習指導の意図

学習者みずからが作者と対話してその内容価値に自ら触れ、その学んだものを互いに交信し合ってものの見方や感じかたを分かち合うという、豊かにして能動的な学習を展開させたい。そのための学習過程や言語技術や、教師の支援の内容はどのようなものかという学習構造を明らかにしていきたいと考え、本実践を試みた。

第Ⅰ章で触れたが、本実践については継続研究の二年目として前年度の課題をふまえ、次の三点を研究の視点として設定した。

(1)　主体的な学習指導の展開に際して、文学作品の場合文学の作品構造が生み出す課題と生徒が個々に出す学習課題との溝をどのように埋め、課題解決学習を推進すればいいのか。

(2)　学習過程をどう見出すのか。

(3)　学び方技能としての能力分析をどのように行うのか。

その課題解決のための学習指導構想を次のように持った。

① 課題設定　　…作品の呼び掛け構造に応じた指導の糸口を考える（注1）（注2）
② 単元の学習過程…つかむ―見通す―調べて（話し合い）まとめる―発表・交信する
③ 学び方技能　…表現技能の重視

この三点の学習指導構想を持つにあたって考えたことは次のとおりである。

(1) 「文学作品の呼び掛け構造」およびそれにからむ「文学言語」に着目した学習課題を指導者が補足したり、提案することで視点を明確にした交信ができるのではないか。

① 学習者が個々に出す学習課題は膨大なものとなる。それを自ずと整理統合する視点とならないか。

② 学習者相互の感性をくぐらす交信活動の下地を作れないか。

ア 無駄を省き、単純化できないか。イ 短時間での実践を可能としないか。

(2) 学習過程の型を明らかにすることで、学習当初より交信の場の設定が明確になり、主体的な学習活動を保証することにつながるのではないか。

① 目的意識、相手意識を明確にし、発信を前提とした受信活動ができないか。

ア 「何のため」に「どこ」で「誰」と交信するのか。

イ そのために「どういう準備（発信・受信）」や「作業」が必要となるのかを学習者が見通し、確認できるようにならないか。

② 司会者を育て、学習者相互の交信活動を活性化させられないか。

ア 支持的風土に支えられて、安心して交信活動ができないか。

イ 生きた学力としての言語技術を身につけさせられないか。

(3) 学び方技能に着目することで、必要な言語技術や指導法が見えてくるのではないか。

どの場面でどのような言語活動がなされたのかを確認するなかで、学び方を支える言語技術や指導法が見えてくるのではないか。

（二）　教材選定の観点と教材化の工夫

1　教材選定の観点

本作品は野坂昭如の戦争を題材にした『戦争童話集』（中央公論社・一九八〇年刊）の中に収められた一二編の作品の一つである。この「僕の防空壕」の冒頭の一行は「昭和二十年八月十五日」で始まっているが、実は『戦争童話集』の全ての作品の冒頭も同じ構成となっている。いわゆる作者の思い入れの一行であり、作者のテーマが込められた一行である。また、末尾は「平和が訪れ、街に灯がよみがえった中で、少年だけが悲しみに取り残されていました。」という表現で締めくくられ、戦争がもたらす悲しさを逆説的手法で表現している作品と受け取れる。

「童話集」というタイトルからも類推できるように、平易な表現で叙述され、戦争当時の用語を除けば読みの抵抗を感じさせないのであるが、末尾の一行にふとひっかかりを感じさせる作品である。へたをすれば読み飛ばしてしまう一行でもある。この「作者の仕掛け」であろう最初の一行と最後の一行をどう読み解くか、これが作品を豊かに味わう鍵となると考える。

この最初と最後の一行に凝縮された言葉の背後に広がる人生の悲しみは、学習者よりも幼い主人公「僕」の悲しみである。悲惨な場面描写もない中で、戦争に直接関わらないごく普通の一市井に生きる子どもの心に落とした残酷な悲しみが伝わってくる作品である。学習者は文学の持つ味わいと、文学の言葉の持つ力に目覚めていくと思われる。同時に作者のこだわりに気づく中で、こだわらざるを得ない作者の人生にも気づいていくであろう。作者との対話や少年の悲しみについて多様な受け止め方が予想され、表現学習につながる学習材となると考える。また、発展読書にもつながりやすいと考える。

2　教材化の工夫

「1」をふまえ、次の二つの視点で切り込むことで、文学の言葉を通した交信が可能とならないかと考えた。

(1)　作品の構造に関わる文学の言葉を手がかりに交信を図る。

作品の構造に関わる文学の言葉を取り立て、その味わいを文学の言葉で再表現させるなかで、書き手と読み手、読み手と読み手の交信を図る。

「平和が訪れ、街に灯がよみがえった中で、少年だけが悲しみに取り残されていました。」

――対立・対照構造を持つ作品――「少年の悲しみ」を比喩で表現し、交信する。

（逆説的手法――パラドックス～作者の仕掛け～読み味わうキーポイント）

(2)　作品の主題に関わる文学の言葉を手がかりに、交信を図る。

作品の描く主題に関わる文学言語を取りあげて、構造、形象へと読み深める。

「昭和二十年八月十五日」

――冒頭一行一段落――同じ作者の他の作品を重ね読みし、交信する。

（戦争童話集の中の一作品――他の作品の冒頭～作者の思い入れの一行～作者のテーマ～この一行をどう読み解くか「昭和二十年八月十五日」）

指導者の準備として、この(1)、(2)の押さえがあれば、学習者がどの課題からアプローチを試みても大きく踏み外すことはないと考える。要は、学習者が抱く課題とこの二点の方法論を学習過程にどう織り込むかということが次の問題となる。この問題を解決するために単元の学習過程を次のように大まかにまとめ、その中での活動を考えてみた。

3　単元の学習過程と、学習過程に沿って必要と考える学び方技能

学習活動を大きくとらえると、次の「(1)」「(2)」となる。

(1)　自ら作った課題Q＆AからAに導いた学習の道筋を一枚の班レポートに作成し、また、「少年の悲しみ」を比喩で表現し、読み説き、読み味わう。　［発表学習］

(2)　野坂昭如の他の作品を重ね読みして野坂昭如の「昭和二十年八月十五日」を読み解き、読み味わう。　［文集作成］

単元の学習過程と、学習過程に沿って必要と考える学び方技能

［つかむ］ →	［見通す］ →	［調べて（話し合い）まとめる］ →	［発表・交信する］
・問題を明確にする活動や場	・解決に向けて見通しを持つ活動や場	・解決に向けて調べ、それを表現活動へと移行する場	・発表し、相互交信する場 ・自他の良さを確認し、次への視点方法を取り込む場
①［課題把握の技能］	②［課題解決構想技能（砕き方）］ ⑪話し合い・討議の技能	④［要約・抜粋の技能］ ⑤ノート活用の技能 ⑥速読の技能 ⑦辞書・参考図書・資料活用の技能 ⑧［図表作成の技能］ ⑨［レポート作成の技能］ ⑪［話し合い・討議の技能］ ⑫書写の技能	⑩［口頭発表の技能］ ③［メモ、記録の技能］ ⑪話し合い・討議の技能 ⑬［反省評価の技能］ ※［司会の技能（⑪との関連）］

この「(1)」「(2)」の学習活動をすすめていくために、

つかむ → 見通す → 調べて（話し合い）まとめる → 発表・交信する

という一年時から取り込んできた学習過程を用い、そこに第Ⅰ章で述べた斎藤喜門氏の学び方技能を組み入れたものが前頁の表となる。

なお、この時点では評価、反省の過程は、「発表・交信する」の学習過程に組み込んだ。

（三）　学習指導の研究

1　学習者の実態

(1)　昨年度、学年道徳の時間にビデオで「火垂るの墓」を視聴し、野坂昭如の作品に触れている。

(2)　一年生から東京書籍の教科書教材で一人学び、共同学習の経験を積んだ生徒がクラスの半数近くいる。

2　学習指導目標

(1)　表現交流を通して、仲間の学習追究の方法の良さを見つけ出し、自分の学習に取り入れていこうとする態度を育てる。（態度）

(2)　学習の目的に合った表現方法が展開できる。（技能）

(3)　作者の青春時代のこだわりをたどるなかで、自分自身の青春探訪の糧とする。（内容価値）

3　学習指導計画（一一時間計画）

第一次　作品構造に沿って読み解き、読み味わう。（七時間）（家庭学習二～三時間）

(1) 読む前の感想を書き、作品と出会う準備をする。【手引き①】
　漢字、語句学習の準備をする。

(2) 通読し、感想と疑問や課題をまとめる。【手引き①】

(3) 班で追究したい学習課題を絞り込み、解決の方法を予測する。【手引き②・③】

(4) 一人学びで学習課題を読み解き、レポートにまとめる。【手引き④】

(5) 個人学習を持ち寄り、班レポートとしてまとめる。【手引き⑤】

(6) 「少年の悲しみの比喩表現」をまとめる。【手引き⑥】【学習資料】

(7) 発表分担をし、発表準備を行う。司会者を決める。【手引き⑦・⑧・⑨】

(8) 発表学習を行い、相互交信を行う。【学習資料】

第二次　野坂昭如の昭和二十年八月十五日を探る。（四時間）

(1) 「戦争童話集」（野坂昭如）の他の五編の作品の一つを選んで重ね読みをする。【手引き⑩】

(2) 作品の背景をふまえ、課題に沿って鑑賞文を書く。（選択肢・散文・詩）【手引き⑪】

(3) 文集に作成して相互交流し、野坂昭如の昭和二十年八月十五日を探る。【クラス文集】

4　指導者が行った支援の内容

学習の手引き①～⑪を通して、学びの道筋を明らかにし、主体的な学習が展開できるようにする。

（四）　学習指導の展開

【学習の手引き①～⑪】を使い、一人学びと共同学習による理解と表現学習を進める。

【学習の手引き①】

今から出会う作品の作者は、野坂昭如さんです。昨年度、ビデオ「火垂るの墓」で出会い、対話した作者が、やはり戦争を題材にして『戦争童話集』（中央公論社・一九八〇年刊）を書きました。そこに収められた一二編の作品の一つが「僕の防空壕」です。今回は国語の授業で再び野坂昭如さんと出会いますが、この出会いを通して、皆さんは多くのことを感じ、考え、追究していくことでしょう。その中でまた一歩成長してもらえれば幸いです。

一年生の時から続いている「Q&A」学習を通しての交流学習のために、心に残るところ、疑問に思うことなどを明確にし、書き出していきましょう。

1　読む前に

「昭和二〇年八月一五日」という言葉を通してあなたなら何をイメージし、何を語りたいですか。

読む前・　　　　　　　　　　読んだ後・

2　読後の感想・印象に残った言葉

3　疑問点

4　Q（疑問点の中から自分が一番追究してみたい課題を作る）

A（Q）の解決方法として今、考えていることを書き出す。

【学習の手引き②】

《作者からのメッセージをこう味わう・こう受信する。》

・「少年」の心情をとらえ、その生き方について考えよう。
（もし、「少年」のような友達がいたら、あなたは……）

・作者からのメッセージを考えよう。
どんな方法で　　学習課題（Q＆A）に取り組むなかで
この作品を通して自分が考えたい問題、もっと読み深めたいところ

《作者からのメッセージを受けて、こう発信する》

・自分がとらえたこと、考えたことを伝え合おう。
どんな方法で　・レポート作成（一人学びノート）・新聞作り・〇〇メッセージ…音声で
・□（皆さんのアイデアで）《発表会を持つ》・伝え合い、学び合おう

※　学習課題を考える時に注意するところ
・題や題に関係のあるところ　・文章の書き出し、終わり　・自分の心に響いた部分
・自分の心に引っかかった言葉

※　学習課題を解決する時に注意すること
・主人公、登場人物の会話や行動　・情景描写や文体　・主人公、登場人物の変化しているところ

※　学習課題の決定―発表　・個人→班
・こんなところを調べてみたい・こういうふうに調べていく予定だ

【学習の手引き③】

学習課題に取り組もう　　　　　　　班員名（　　　　　　　　　　）

□組□班の　Q　Q　A　に関わる小さなQ　・　　　　　　　・

への見通し、学習方法

他の班の学習課題

1 班		4 班	
2 班		5 班	
3 班		6 班	

学習資料

学習手順

1　班長の司会で課題を解決するにあたっての話し合いを持ち、大まかな見当をつける。

2　学習ノートを作ることによって（レポート）各自で課題解決に取り組む。見本参照

・教材プリントの活用　・見やすくするために記号や矢印などを工夫する。

3　完成した各自のノートをもとに話し合いをもち、班としての考えを発表準備ノートにまとめる。

発表へ

・プリント・模造紙・オーバーヘッドにわかりやすく要点をまとめる。

①　今から私たち［　］班の発表をします。
②　私たちの学習課題Qは［　　］です。
　　私たちはこの課題を解くにあたってまず［　　］ということから考えました。
③　（各班工夫をこらして説明して下さい）
④　これらのことから、私たちの出した結論は、［　　］
⑤　以上で私たちの発表を終わります。

【学習の手引き④】

学習課題QからAを導くために

まとめるポイント1　間違いを恐れず、思いきって、速くレポートにまとめる。

まとめるポイント2　学習課題を意識しながら文章の流れをたどり　・場面構成や意味段落　・文章の大筋をつかむ。

まとめるポイント3　課題解決のために必要と思われる部分を抜き出す。

・作品から感じられるイメージが文中のどの言葉、どの表現から生まれてくるかを明らかにしていく。

・登場人物の関係を考えながらまとめていく。

・場面が変わるところ（登場人物、背景、事件）に注意しながらまとめていく。

※　教材プリントの活用を多いにして下さい。

【学習の手引き⑤】

伝えるためのまとめ方へとバージョンアップするために
　学びの道筋を整理して自分たちが出した結論を提案しよう。

1　各自の完成したレポートを交流し、検討する。
①「Q」の解決のためにたどった道筋の交流　②「A」として各自が出した結論の交流
↓
誰のどんな道筋・結論がより適切と考えるのか。
班討議を重ねてもなお残る疑問点は何か。

2　伝えるためのまとめ方を工夫しよう。（レイアウト用紙に）
①　何を書き、何を書かないか
・鍵となる表現はどれか。・鍵となる部分は全体とどう関わるか。対比的に描かれている部分をどうとらえているか。
②　まとめ方の工夫
・見やすさ・分かりやすさ・適切さ　　※表・矢印・線・囲み・色使い。カット

3　班討議の仕方
①　あいさつ・司会…班長
　今から発表プリント作成のための班討議を始めます。各自まとめてきたレポートを真ん中に出して、それぞれ考えた道筋と結論、なお残る疑問点を出して下さい。

② ○○さんどうぞ
私がたどった道筋は○○で、結論として考えたことは○○です。……以下全員が交流する。
③ 班長　それぞれの発表に対して質問や意見、あるいは同感だという発言等ありませんか。
④ 班長　では、○班としてのまとめとまとめ方について意見を調整したいと思います。……以下略

【学習の手引き⑥】

各班のQ&Aにふくらみを持たせるために、次のことに取り組んでみよう。

平和が訪れ、街に灯がよみがえった中で、少年だけが悲しみに取り残されていました。

少年の気持ちを考え、「少年の悲しみはまるで……のようだった。」と形にまとめてみよう。

【学習の手引き⑦】

（班レポート）まとめのためのレイアウト

『作品名』

設定の理由とAへの学習方法

課題Q

A への学習の道筋
工夫を凝らす

A

— 悲しみの比喩表現（全員分） —
— 作者からのメッセージ —

【学習の手引き⑧】

1　発表の分担をしよう。（六人班、七人班それぞれの人数に合わせて分担する。）

(1)　Qの内容・Qを決定した理由　一人（　　）

　　Aに導くための学習方法　一人（　　）

(2)　Aとして考えたこと　二人程度（　　）

(3)　Aに導いた学習の道筋　一人（　　）

(4)　我が感性でとらえた少年の悲しみ、全員分発信　一～二人程度（　　）

(5)　我が班がとらえた作者が伝えたかったメッセージ　一人（　　）

(6)　我が班の感想紹介　一人（　　）

2　発表する際に気をつけたいこと

一班五分程度・発表プリントを有効に使う・全員で発表	

【学習の手引き⑨】（司会者用）

司会進行プログラム

1　それでは、今から「ぼくの防空壕」の学習発表会を行います。発表に当たっては次の点に注意して下さい。

すっきり　・発表は自分の場所で、聞き手の方を向いて

はっきり　・伝わる声で、伝わる速さで、プリントを生かして

時間内で　・要領よく伝える・間があかないようにテキパキと

（また、聞く人は次のようなマナーに注意して聞く。）

・発表者に注目し、静かに聞く。

・発表の良い点、質問したい点などを考えながら聞き、感想・評価などを「ワークシート」に記入する。

2　それでは発表を始めます。まず最初は（　　）班の発表です。

（　）班発表

ありがとうございました。

続いて（　）班の発表です。

〈……以下同じ〉

3　ここでしばらく時間を取りますので、（　　）分、各班は質問事項を整理して下さい。

（複数の班から質問がある場合は、先に質問を全部終わらせてから答えに移る。）

応答　（一～六班迄済ます。）

4　ありがとうございました。以上で学習発表会を終わります。

学習資料　略

【学習の手引き⑩】

――青春探訪――
野坂昭如の昭和二〇年八月一五日を探る

取材活動例

・ぼくの防空壕　　・ビデオ火垂るの墓

・『戦争童話集』の他の五編の作品

(1)　凧になったお母さん　(2)　干からびた象と魔法使い　(3)　年老いた雌狼と女の子の話

(4) 赤とんぼとあぶら虫 (5) 小さい潜水艦に恋をしたでかすぎるクジラの話
・野坂昭如の年譜 ・伊藤始氏の作品にふれて
・『作家の自伝19 野坂昭如アドリブ自叙伝』日本図書センター・その他図書室の本等

【学習の手引き⑪】

作品の背景をふまえ、鑑賞文を書く

課題条件

1 目的 作者の意図をつかみ、より深く、より豊かに味わう
2 立場 どちらかを選択して(A 客観的に)(B 作品に入りこんで)
3 相手 クラスの人に、他のクラスの人に
4 内容 次から選択する
・野坂昭如の昭和二十年八月十五日をこう考える ・題名にふれて考える
・少年の悲しみについてこう考える
5 構成 三段構成を基本とする
6 分量 三百~四百字程度
7 表現 ・書き出し――印象的に ・文体A、Bどちらかで(A だ・である)(B です・ます)
・内言か会話文を使う
8 評価 相互評価(意見文の時のように)
9 処理 クラス文集

材料メモ

書き出し

背景や情景、心情をふまえて口語自由詩で表現する

1〜4　鑑賞文と同じ　5　構成　三連を基本とする　6　分量　自由　7　表現・体言止めや擬人法、倒置法、比喩表現、反復法など一つ以上使う・リズムに気をつける　8〜9　鑑賞文と同じ

一連

二連

三連

表現技法（使う予定のもの）

〔　　〕

学習資料　学習の進度チェック表（レポート作り）

種類		項目	一回目	二回目
レポート	一人学び	中を開けたくなる表紙作り		
		正確さと広がりのある漢字学習		
		文章の中での使われ方がよくわかる語句まとめ		
		一人学びノート（Q&A）		
整理		一次感想プリント		
		学習の手引き①		
		学習の手引き②		
プリント		学習の手引き⑪		
		学習資料（今日の発表プリント）		
		学習資料（評価票）		
		教材プリント		
		漢字チェック①～⑩と小テスト		
ワーク		ワークによる知識の整理		

（五）　学習活動の状況および反応の実際

1　班一枚レポートの例

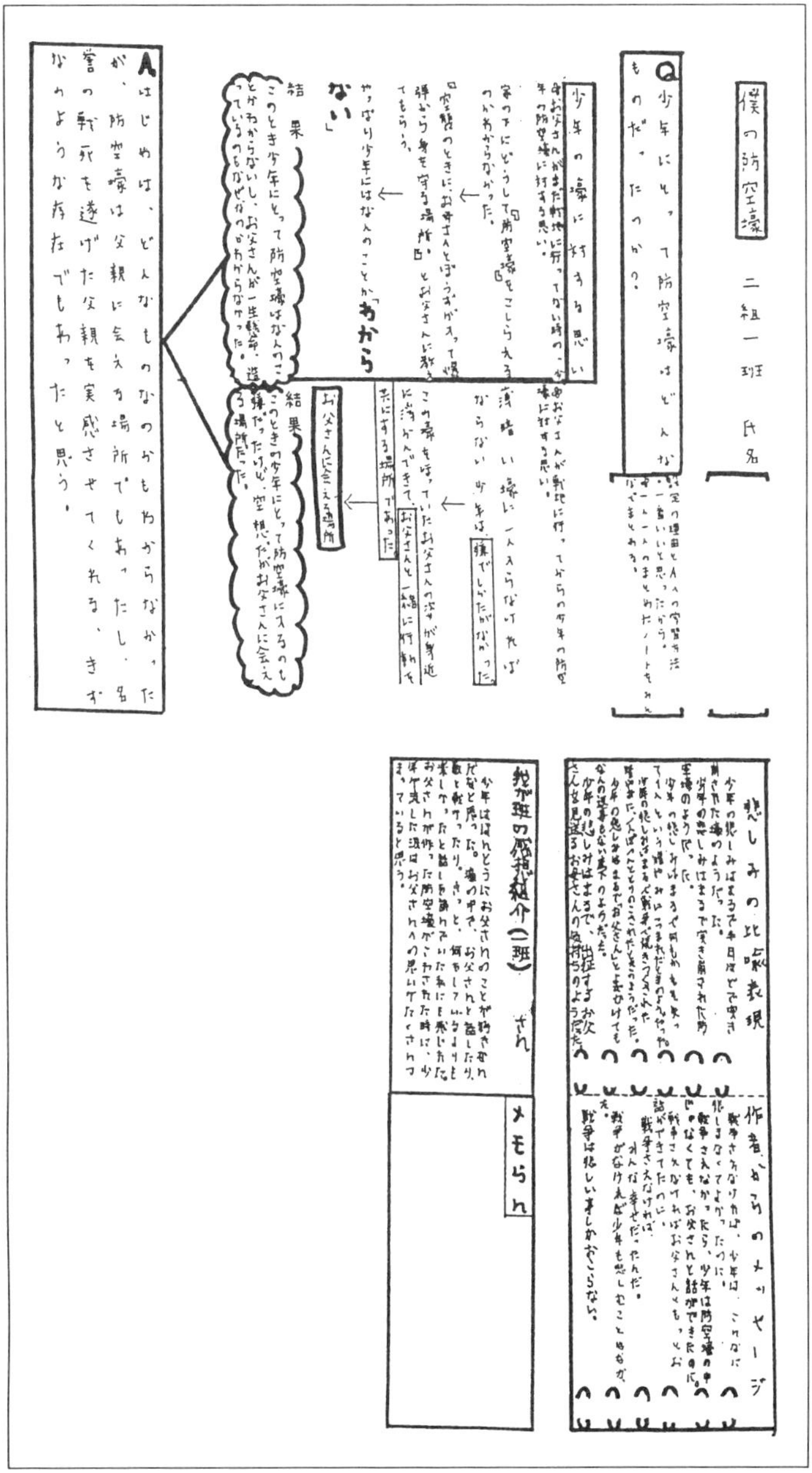
僕の防空壕
二組一班　氏名
Q 少年にとって防空壕はどんなものだったのか？
少年の壕に対する思い
空襲のときに、お母さんとぼうずがオって爆弾から身を守る場所。とお父さんに教えてもらう。
やっぱり少年にはなんのことか「わからない」
結果
このとき少年にとって防空壕はなんのことかわからないし、お父さんが一生懸命、造っているのもなぜなのかがわからなかった。
薄暗い壕に一人入らなければならない少年は、嫌でしかたがなかった。
この壕を造っていたお父さんの姿が身近に浮かんできて、お父さんと一緒に行動を共にする場所であった
お父さんに会える場所
結果
このときの少年にとって防空壕に入るのも嫌だったけど、空想だがお父さんに会える場所だった。
A はじめは、どんなものなのかもわからなかったが、防空壕は父親に会える場所でもあったし、名誉の戦死を遂げた父親を実感させてくれる、きずなのようなものでもあったと思う。
悲しみの比喩表現
作者からのメッセージ
戦争は悲しい事しかおこらない。
我が班の感想紹介（一班）
メモらん

2　悲しみの比喩表現の例（二年一組全員対象）

少年の心情に読み手の心を重ねさせるため、次のような課題を設定した。

課題　少年の気持ちを考え、「少年の悲しみはまるで……のようだった。」の形に、まとめてみよう。

平和が訪れ、街に灯がよみがえった中で、少年だけが悲しみに取り残されていました。

一班　少年の悲しみはまるで……のようだった。

①思い出を盗まれた
②一番必要だったものが目の前で消えた
③大切な人が出ていき、一人取り残された
④大切な思い出のアルバムをやぶられた
⑤捨てられた仔犬の
⑥一番失いたくないものを失った

二班　少年の悲しみはまるで……のようだった。

①海の底の
②父が死んだときの
③こごえるような北極に沈んでいくアリの
④散り行く木の葉の
⑤捨て猫の
⑥空襲を受けた街の
⑦黒い涙の

三班　少年の悲しみはまるで……のようだった。

①**冬の海の**
②焼け跡の暗さの
③暗い街に一人生き残った
④戦争中の暗やみの
⑤もっと戦争が続いていればと言いたいかの
⑥冬枯れの景色の

四班　少年の悲しみはまるで…のようだった。

①焼夷弾の
②**雨の中で一人立っているときの**
③雑草の
④最後の涙を失った枯れ葉の
⑤お父さんの作った防空壕がもう二度と見ることができない悲しみの
⑥砂漠の中に一匹残されたラクダの
⑦捨て犬の

五班　少年の悲しみはまるで……のようだった。

①**吹雪の**
②台風の
③無人島に一人取り残された
④祭りのあとの静けさの
⑤壕の中に忘れ物をした

六班　少年の悲しみはまるで……のようだった。

①**焼け野原の**
②灯火管制の
③一ぴきだけ取り残されたヌーの
④まちがいを認めて、くやしかったときの
⑤灯の消えた灯台の
⑥迷子になった子どもの気持ちの

3　鑑賞文——詩と散文の例

詩の記述例①（作品の背景をふまえ、課題に沿って鑑賞文を書く〈選択肢・散文・詩〉）

あの日と私

夏の刺すような日差しの中
届いた敗戦の知らせ
辺りは平和とほど遠い
一面に広がる黒い街

母を　父を　友を失い
笑顔を自由を喜びを失い
それでも　生きたぼく
何のためだったのか
心にとめどなくあふれた
絶望　怒り　悲しみ
情けない気持ちたち

女子生徒

あれは私の遠い思い出
私は生きて伝えゆく
終戦の日のありのまま
卑怯で　哀れで　薄情な
人間が消した　命のことを
終戦が皆にもたらしたのは
負の心で埋まる日々
こぼれる億という涙
名ばかりの平和
それだけだということを。

詩の記述例②

戦争が作るもの

僕が三年生のとき
お父さんが帰ってきた
赤い手紙に代わって

—— お父さんは　死んだ ——

僕は見えた
お父さんが
お父さんの作った
防空壕の中で
アメリカ兵をやっつけたり
飛行機に乗った
楽しかった唯一の時間

女子生徒

戦争によってできた　唯一の時間
戦争がなくなれば　失う時間
個人の悲しみも
戦争にもて遊ばれてしまった
短かな時間

鑑賞文の記述例①〈作品の背景をふまえ、課題に沿って鑑賞文を書く〈選択肢・散文・詩〉〉

野坂昭如の昭和二十年八月十五日

男子生徒

昭和二十年八月十五日。それは野坂昭如が戦争の悲惨さとむなしさを唯一感じた日だと思う。その日は数ケ月前とは全く違った風景であり、そして何よりも悲しみだけが残っていた日だと思う。

野坂昭如は多くの作品をこの八月十五日に集約して残している。

その作品の一つとして、僕が読んだ「凧になったお母さん」という話がある。この話は空襲で火に囲まれたかっちゃんをそのお母さんが死ぬかもしれないというピンチの状態でかっちゃんの命を救い、そして凧になった、という話である。

僕はこの作品、そして「僕の防空壕」を読んで、残された焼け跡に漂う底知れぬわびしさと悲しみを痛いほど感じた。作者野坂昭如にとってもこの昭和二十年八月十五日は、きっととってもむなしい日でもあり、とても悲しみの深い思い出のあった日だったと思う。

鑑賞文の記述例②

昭和二十年八月十五日

女子生徒

きっとこの日は野坂昭如さんにとって「僕の防空壕」の少年のように、悲しみの始まりの日だったと思う。

私の思っていた昭和二十年八月十五日は、悲しみから人々が解放された日だと思っていた。でも、違っていたのかもしれない。野坂さんのように、戦後に悲しんだ人の方が多かったのかもしれない。野坂さんの書いた戦争童話の中で、私が読んだものは全て、戦争が終わった後、「悲しい」という表現で終わっている。

これはきっと、野坂さんの悲しみ、そして、悲しいと思ったときのことを、表現したかったのじゃないのかなと思う。そのぐらい辛い悲しみだったんだと思う。

だからこそ、もう、自分のような犠牲者を出さないように、みんなに語りかけていると思う。もう二度と昭和二十年八月十五日と同じ瞬間を作ってはいけないと野坂さんは思っていると思う。

鑑賞文の記述例③

野坂昭如の昭和二十年八月十五日をこう考える

女子生徒

野坂昭如さんにとっての昭和二十年八月十五日とは、戦争の恐ろしさ、悲しみを私たちに伝える言葉のようなものだと思う。少年が悲しみにとり残されたのは、父の死を感じさせるこの魔法のような言葉のせいだと思うからだ。

野坂昭如さんの戦争の悲しみは、「僕の防空壕」のように人間の悲しみだけでなく、「干からびた象と象使いの話」のように動物の悲しみまでも感じている。だから、悲しみがたくさん詰まった昭和二十年八月十五日は大切な日だと思う。お父さんが死んだことをわかった大切な日なのだから。

でも、大切な日でもあるけれど、一番悲しく、一番辛い日というのが本当の野坂昭如さんの気持ちだと思う。戦争が終わっても、野坂昭如さんの気持ちは増していく一方だと思う。

（六）　学習作品の相互評価例——創り上げた作品群に触れて再発信する

「（五）」でうまれた悲しみの比喩表現を氏名を省いて提示し、「あなたはどの作品に心ひかれましたか」、「また、それはなぜですか」という形で作品群に触れて再発信する学習指導を試みた。この学習活動によって「相互交信」・「相互評価」という学習活動を組み込んだ。

一班の①の生徒の作品

少年の悲しみはまるで**思い出を盗まれた**ようだった。

・思い出を盗まれたというのは、お父さんが遠くへ行ってしまって、父との思い出もどこかへ行ってしまった気持ちがよく書かれていた。これを書いた人は、少年と同じ気持ちになって書いたんだと思う。

一班の④の生徒の作品

少年の悲しみはまるで**大切な思い出のアルバムをやぶられた**ようだった。

・私が選んだのは、「大切な思い出のアルバムをやぶられた」という比喩表現です。理由は父との防空壕で過ごした時間が防空壕をうめたことによって父の死を実感したときの少年の気持ちが「やぶられた思い出のアルバム」というのにあっていると思ったからです。思い出のアルバムと父との思い出をたとえたところがすばらしいと思った。そのアルバムをやぶった戦争はとても憎いものだと思った。この作品にぴったりあうのでこれにしました。

二班の①の生徒の作品

少年の悲しみはまるで**海の底の**ようだった。

・海の底みたいに静かなところで、一人取り残されたような少年の気持ちそのものみたいでそこの表現がすごくよかった。

三班の①の生徒の作品

少年の悲しみはまるで**冬の海のようだった。**

・「冬の海」というのがすごくいいと思った。冬の海は本当にさびしそうでなんだか少年の悲しみを短い言葉で上手に表していると思うのでこれを選んだ。

四班の②の生徒の作品

少年の悲しみはまるで**雨の中で一人立っているときの**ようだった

・「雨の中」という表現がいいと思いました。それは、雨というのがとても悲しいイメージがあるからです。それに、雨はかってで、いつやむかもわからないし、いつ降るかもわからないから、少年のいろいろな気持ちがあるのとつながっていると思いました。とてもわかりやすくてよかったです。

五班の①の生徒の作品

少年の悲しみはまるで**吹雪の**ようだった。

・少年の気持ちが、短く分かりやすく書いてあって良かったと思う。吹雪というのは、いい表現だと思う。少年の心の中のさみしさや悲しさがよく表れていたと思う。

（七）　学習指導の評価と考察

1　学習指導の評価

以上のような学習活動によって全員の作品が生み出された。その実例はまた、学習者自身にアンケートを取って、学習指導構想に沿った実践の評価を、試みた。（対象生徒二年一組三六名）

アンケート項目のうち、今回のねらいに関わる項目は次の(1)～(3)の観点である。

学習を振り返って　(1)　学習課題の解決　(2)　発表学習による交信の成果　(3)　文集による交信の成果

(1)　**学習課題の解決――学習反応①**

班の学習課題を読み解く中であなたの学習課題は解決しましたか。
◎完全に解決した。　○ほぼ解決した。　×解決していない。

	班	
討議して絞り込んだ各班の学習課題	課題　・戦争・防空壕とは少年にとってどんなものだったか。	
	設定理由　・少年にとっての戦争・防空壕とはどんなものだったかを知りたいと感じたからです。	
討議前の個人の学習課題	・戦争・防空壕は少年にとってどんなものだったか。	◎
	・なぜ少年は防空壕を知らないふりをしたのか。	◎
	・なぜ、防空壕に現れたのか。	○

班	課題・設定理由・解決方法	疑問	評価
一	解決方法　・少年の心の動きをとらえる。お父さんへの心の動きを表にまとめる。	・お母さんがお父さんの出征をどう感じたか。防空壕を造るのをどう感じたか。	×
二　班	課　題　・なぜ、少年に父の声が聞こえるのか？	・父の声がなぜ聞こえてきたのか。	◎
	設定理由　・死んだはずの父が壕に現れ声が少年に聞こえたということが不思議だからです。	・少年は父と本当に話をしていると思っているのか。	○
	解決方法　・少年の気持ちをたどっていく。	・なぜ少年にまぼろしの父が見えたのか。	○
		・なぜ父の声が聞こえるのか。	○
		・なぜ少年にだけ父が見えるのか。	◎
		・なぜ、少年に父の姿が浮んだのか。	○
		・なぜ少年に父の声が聞こえたのか。	◎
三　班	課　題　・どうして二人の男は、「まったくくだらないものを造らされたものだなあ。」と言ったのか。	・お父さんはなぜあらわれたのか。	◎
	解決方法　・防空壕の必要な理由とこの町のようすとを比べる。	・なぜ、少年は壕を埋められるまで父の死を実感できなかったのか。	○
		・お母さんの気持ち	○
		・どうして二人の男は「まったくくだらないものを造らされたものだなあ。」と言ったのか。	◎
		・なぜ父が現れたのか。	◎
		・誇りに思っている少年を見てお母さんはどう思ったのか。	○

四　班	五　班	六　班
課題 ・なぜ、少年にお父さんの姿が身近に浮かんで見えたのか。 設定理由 ・少年の父に対する気持ちがどんなものなのかを知るため、また、父の生きているときと戦死後でどう少年の気持ちが変化したかを調べるため。 解決方法 ・少年にとっての父と防空壕の存在を考える。	課題 ・戦地へ行く夫を見送る妻の気持ち 設定理由 ・妻の心の変化が気になった。 解決方法 ・妻の気持ちをたどる。 ・夫が戦地へ行く前後の家族のようすをたどる。	課題 ・少年はなぜお父さんとの空想ができたのか？ 解決方法 ・少年の父に対する気持ちを理解する。 ・父と防空壕の結びつきを考える。 ・空想の中味を読み取る。
・なぜ少年はお父さんとの楽しい時間を夢みたのか。　○ ・なぜ、少年にお父さんの姿が身近に浮かんで見えたのか。　○ ・どんな気持ちで防空壕の中のお父さんに話しかけていたのか。　◎ ・少年は壕の中の食べ物をねらっているとお母さんに言われて否定しなかったのか。　○ ・「くだらないものなんかじゃない」といったときの少年の気持ち　◎ ・少年はなぜ父親がいなくなったのに防空壕の中で話しかけたのか。　◎	・戦争はなぜするのか。　○ ・父の死をどう受け止めればよいか。　× ・少年はなぜ父のまぼろしを見たのか。　×	・なぜ少年は戦争がもっと続いてればいいのか。　◎ ・少年はなぜお父さんとの空想ができたのか？　○ ・「くだらないものなんかじゃない」とあるが少年にとってどれくらい大切なものなのか。　○ ・少年はなぜ否定しなかったのか。　○

(2)　発表学習による交信の成果――生徒の学習反応②

一　班	二　班	班
・今まであまり深く考えていなかったのが深く考えられるようになって、あきらめ（もう、いいや。）というのがなくなった。 ・詳しく調べていくといろいろな考え方があることが分かった。だからいろんな考えを持ちたいと思った。 ・学習課題をこなすことによって少年の気持ちが少しでも解決することができた。 ・レポート作りは僕にとって役に立ったし、表現活動をすることによって、「少年の悲しみ」がどんなものだったのかということがわかりやすかった。 ・「少年の悲しみ」が、レポートを作ることによって、本当に心の底からつらかったんだなあと感じることができました。	・読解の仕方や相手へ伝えやすくなったり、読解の工夫などが分かった。 ・みんなで一つの課題を解決するということがとても値打ちがあった。（楽しかったしむずかしかった。） ・今まではあまり話し合い等に進んで参加していなかったけど、この活動ではそれがなかったのでよかった。いろんなことを深く考えるようになった。 ・自分で考えて書けるようになった。書く場所が限られていたので思いきって言葉をはぶけるようになった。 ・比喩表現は今までにないことであったので、人のを見て感心したり楽しんだりできてみんなおなじテーマでやるとおもしろい。 ・発表ではより皆にわかりやすく発表でき、レポート作りは皆が協力しあえてできた。 ・班の人といっしょにやるから、言いたいことや疑問に思うことなどを言えた。 ・みんなのレポートの作り方や考えが分かった。	・みんなの考えがよく分かった。

三	四班	五班	班
・Qに対するAを解く順序がわかるようになった。 ・自分のまとめや考え方が言えたり書けたりできるようになった。それにきちんとした自分の意見等を考えるようになった。 ・少年の防空壕と街の様子がよく分かった。 ・他の人の考えなどが分かった。一つの作品を今までよりもっと深く考えることができた。	・班のみんなと協力できたし、いままでの発表のしかたのよくなかったところがわかった。 ・レポートの構成が分かってきた。 ・戦争に対する関心が深まったと思う。比喩を使った表現ができるようになった。 ・作者の考えという項目でどんなことを考えたらいいのかなかなか思いつかなかった。「わが感性でとらえた少年の悲しみ」も考えるのがとてもむずかしかった。 ・夏休みの宿題のレポートなどがやりやすくなった。 ・わかりやすくレポートが書けるようになった。 ・班の中では、その少年の気持ちは、どうだったかとか母親の気持ちになったり、そういうことを考えられるようになりました。	・聞く人に聞きやすく分かりやすくすることを考えた。班で協力して何かをすることができるようになった。 ・一つのテーマからいろいろと読み取ることができた。少年の気持ちを考えていけるようになった。 ・他の人の考え方などがよく分かった。 ・自分で考えて書けるようになった。	・一人で勉強できるようになり、自信を持って発表できるようになり想像力が高まった。 ・別に何も思わなかったところまでくわしく調べることができるようになった。作者の気持ちを考えるようになった。

六
・作者のいろんな部分が分かるようになった。
・著者の気持ちを考えることができるようになった。まとめる力がついた。著者の気持ちだけでなく主人公の気持ちも考えていきたい。
・表現活動で他の人のいろいろな表現を見て勉強になったと思う。レポートや発表を班でやるとわかりやすくて深いものになって良かった。
・自分の気持ちを発表できるようになった。

(3) 文集による交信の成果――生徒の学習反応③

一　班
・戦争が終わっても本当の平和は訪れていないということが共感できた。
・終戦とは本当の平和ではなく「名ばかりの平和」というNさんの作文がとても心に残った。
・例えば、まったく自分と違った文を書いていても文がうまいので参考になった。
・戦争が終わって何年たってもずっと悲しみは消えない。
・みんな思っていることが似ていた点。

二　班
・生きなければならない。周りの人だけでなく、すべての人のために生きなければならないこと。
・少年の悲しみを読んでいたらなるほどと思うことが多かったし、こんなんが書きたかったと思うものもあった。
・自分の気持ちや考えがそれぞれ書けていてよかった。野坂昭如さんの戦争に対する思いをみんなが考えていてどの文も戦争についての思いがよく伝わってきた。
・みんな戦争の悲しさを繰り返してはいけないものだということを書いていたので、みんなの考えは同じだということがわかった。
・少年の気持ちと野坂氏の気持ちが重なっているというのはその通りだと思う。

	・読んでいて「野坂昭如さんの思う気持ち」が分かった。
三　班	・奥深く知った。（戦争や野坂昭如について） ・みんながどう読み取ったかがよくわかった。 ・みんなの終戦の感じ方が変わっていくのがわかった。 ・共感を覚えたことは、野坂昭如さんにとって昭和二十年八月十五日は悲しみやつらさなどが残った日ということで学んだことは戦争を受けて家族や友人などを亡くした人にとってはあまりうれしくはない日ということです。 ・戦争をくりかえしてはいけない。 ・少年の悲しみは野坂昭如さんの悲しみだったのではないかということ。
四　班	・何人かの詩はすごくよかったと思う。短い文章で言いたいことが良く伝わってきたし、内容もすごく共感できた。 ・F君の「終戦」という作品が少ない字でよく気持ちが表れていた。 ・Sさんの文に共感しました。自分の書き表せなかったことを書いてくれていた。 ・みんなのを読むと、自分は文体がばらばらで少しみにくかったけれどとても見やすかったのでいい勉強になった。 ・M君が自分が表現しにくかったことをしてくれた。 ・みんないろんな文集が書けていた。 ・詩のところで、すごく短いのに簡潔にまとめられていたと思う。 ・みんな野坂昭如さんの気持ちをすごく表現していたし、文の作り方がよかったから、私もそういうところをもう少しがんばろうと思った。
班	・私の書いた文の足りないところがいろいろな人の作品に書かれていてよく深めることができた。

五	六班
・この五班と他の班ではぜんぜん考え方が違っていた。いろいろと勉強になったと思う。 ・私は、Nさんの詩にとても感動した。憎しみや悲しみ、家族や友達を失った人もたくさんいるだろう。「母を、父を、友を失い、笑顔を、自由を、喜びを失い」という場面がジーンと感動した。	・みんなが書いているように戦争は終わってても苦しい生活が続くのでやっぱり恐ろしいものを感じた。詩で書いた三人の作品がとてもよかった。 ・一つの本だけでみんな思うことがちがうということを学んだ。 ・他の人がどういうふうにとらえ、考えているのかがわかり、よかった。 ・野坂昭如さんの気持ちのとらえ方がちがうので勉強になった。 ・評価表でNさんも同じ思いをもっていた。他にも共感できる人はいた。 ・Nさんの文に共感した。

2　考察

これら学習者の反応をふまえ、「課題設定のありかた」「学習過程の設定のありかた」「学び方技能の習得のさせかた」の三点および、それらを総括する形で「表現と理解を一体化し、『交信』という機能によって、子どもたちの何がどのように深まるのか」について以下に考察を試みた。

⑴「課題設定のありかた」――学習材の構造と、学習者の課題との溝をどのように埋めるのか

①　「⑴学習課題の解決―学習反応①」を通して

「⑴学習課題の解決―学習反応①」は、一から六班までが絞り込んだ学習課題と個人が出した学習課題とが対応できるように作成した。このアンケートから次のことが読み取れる。

ア　「二班」、「四班」、「六班」のように全員の課題が「少年と父」に関わる場合、学習課題の絞り込みは同じ

方向でまとまり、「完全に解決した」「ほぼ解決した」と課題解決学習への達成感も高くなっている。

イ　「一班」で一人、「五班」で二人に「×」がついている。その原因として考えられるのは、班で絞り込んだ視点人物と、自分が知りたいと思った視点人物に大きな溝があるということととらえる。作者の視点の中心は「僕」と、「僕の心の中に生きる父」であり、母や二人の男は、「僕」と対比的に描かれ、かつ、細やかな心理描写もない。「一班」の場合、班が視点人物、「×」と記入した個人は、視点人物外のパターンであり、「五班」の場合は、班が視点人物外、「×」と記入した二人の個人は視点人物であった。

班の学習課題が視点人物以外に絞られた場合、その解決への学習からは、明解な形につながりにくい。ことに「五班」の場合、「戦地へ行く夫を見送る妻の気持ち」であり、作品の構造との溝が深く、「僕」と、「僕の心の中に生きる父」の心情をつかみにくかったと考える。

一方、「三班」は、視点人物以外であるが、視点人物を個人の課題とした者も達成感をそれなりに感じている。この原因として、一つは「解決方法」に基づいて進めた学習の中での討議であり、他の班の発表に学んだことによると推測される。

また、一方では発表学習による相互交信の場や補助課題の設定の効果が理解を補ったともとらえられる。

②　作品の「呼び掛け構造」と、それにからむ「文学言語」に着目した補助課題の設定の観点から

具体的には、「内側の目」により寄り添う形としての「少年の悲しみの比喩表現」であり、また、「外側の目」に気づかせる形での「野坂昭如の昭和二十年八月十五日を探る」であった。そして、それは、「内側の目」を通してより深く、より豊かに登場人物に寄り添ってこそ、冒頭一行一段落に込められた作者の意図を感じ取れるものであると考えたからである。初発の感想で、「最後の文に少年だけが悲しみに取り残されていました。というのは変だ」「ここを読んで、気分が悪くなった」という反応があったが、この作品構造に関わる「少年

の悲しみ」の補助発問の交信活動を通して、指導者の解説を一切省いた形で学習者の胸にストンと落とすことができたように考える。

また、各班が設定した学習課題や、Q&Aの「なぜ」「……だから」だけでは落ちてしまいがちな文学作品ならではの表現の味わいを、含ませることができたのではないかと考える。

学習者が生み出した全員の作品の掲載と、その作品に対しての学習者の相互評価を行った。その一例として、「一班の④の生徒の作品」と、言葉による評価の一部を取り出すと、次のようである。

「少年の悲しみはまるで大切な思い出のアルバムをやぶられたようだった。」

・私は、「大切な思い出のアルバムをやぶられた」というのに心がひかれました。今までの思い出がぎっしりとつまっているアルバムをやぶられたことによって今までの思い出が全部消えてしまう。そんな時、私もきっと少年のようになっていただろう。だから私は、これが少年の悲しみにあっていたので選びました。

・私が選んだのは、「大切な思い出のアルバムをやぶられた」という比喩表現です。理由は父との防空壕で過ごした時間が防空壕をうめたことによって父の死を実感したときの少年の気持ちがやぶられた思い出のアルバムというのにあっていると思ったからです。思い出のアルバムと父との思い出をたとえたところがすばらしいと思った。そのアルバムをやぶった戦争はとても憎いものだと思った。この作品にぴったりあうのでこれにしました。

次いで、外側の目について触れると、これは、三クラスともこれに触れた課題は提出されなかった。そのほとんどが、主人公および主人公のお父さんとの関係にこだわった課題であり、冒頭一行にこだわる作者の思いにまで高まりにくいと感じられた。初発の感想を全てコピーし、手引き②のような形で補助課題を学習の到達点として提出し、今回の学習の背骨を作った。本来は『戦争童話集』という形で一二作品の連作を読み重ねてこそ、自然に読者に見えてくるレトリックの世界であるはずのものが、教科書教材として、一つだけ切り離されて提示されたために見えにくくなってしまったものである。結果として、「重ね読み」という本来の姿に戻しての読みのスタイルを形作ったが、これら単元の人間の生き方、考え方に関わる価値の視点については、どう補うのか、指導者の責任であると考えさせられた。

これまで述べてきたことを通して、「①」「②」から学習課題の設定のありかたについて、次の五点にまとめられると考える。

ア　学習課題の構造化を図るためには、作品の持つ「呼び掛け構造」と、それにからむ「文学言語」に着目し、補助課題として設定することが、有効な方法となる可能性を持っているととらえられる。

イ　「ア」に加えて、「呼び掛け構造」とそれにからむ「文学言語」に着目した補助課題を設定することで、学習者同志の感性をくぐらす交信活動が可能である。それは、課題解決学習の「なぜ」「……だから」だけでは落ちてしまいがちな文学作品ならではの表現の味わいを、含ませることができるからであるととらえる。

したがって、この場合の補助課題はあえて、「なぜ」という形をとらずに提供した。本実践の場合は、「悲しみの比喩表現をしよう」という形を取った。

ウ　「ア」と関連して、「呼び掛け構造」およびそれにからむ「文学言語」そのものが見えにくい場合もある。「僕の防空壕」のように、教科書教材として切り離されたために、そのレトリックが見えにくくなる場合である。指導者の指導研究でその補いをする必要がある。今回の学習指導の場合は、「手引き⑩」という「重ね読み」という発展読書を仕組むことで、本来の作品の「呼び掛け構造」に気づかせる手立てをとった。文集となった個々の作品を読み取る中で、その有効性を確認できると考える。

エ　一人学びで生み出された学習課題を、班という小集団学習の討議によって絞り込み、その答えを追究する過程は、関連する個々の学習課題の解決につながる可能性が高いととらえられる。

オ　「エ」に関連して、作者の視点人物以外の登場人物に着目した学習課題を設定した個人および班の場合、その個人や班に対して「読みの補い」を「途中指導」で行う必要がある。

(2)　「学習過程の設定のありかた」について

学習者を主体に据えた学習指導を継続した場合、どこでどう支援の体制を組むか、また、生徒にどう見通しを持たせるか、という課題がつきまとう。今回、前年度の実践を踏まえて、単元として、

つかむ → 見通す → 調べて（話し合い）まとめる → 発表・交信する

という学習過程を設定し、その到達点として表現活動を設定した。このコース設定は、今、「何のために」「どの活動をしているのか」を学習者、指導者双方が共通認識を持つためにも有効であったと考える。今後、さらに実践を重ねていけば、学習者が自ら学習過程の設定ができるのではないかと考える。

なお、今回、一年余りの実践の振り返りをしたいと考え、学習指導の評価を行った。自ら学ぶという観点に立つ時、学習の進度や取り組みの成果・反省、他の学習者の良い点を取り込もうとする態度を養うことは、大変重要な節目であることに気づかされた。その意味で学習過程を次のように修正する必要があると考えている。

つかむ → 見通す → 調べて（話し合い）まとめる → 発表・交信する → 評価する

なお、今回の実践を重ねて再確認させられたのは、表現、しかも鑑賞文や再生作文による書かせるという視点で

学習過程を見た時、発表・交信するまでの学習過程は、「何を」「どのように」という表現指導の「何を」をつかませ、内燃力を育てる指導そのものであった。「学習の手引き⑩」において、重ね読みというさらなる取材源の情報提供、および「学習の手引き⑪」において、「どのように」書くかの学習構成を行ったことになる。

一方、表現の中でも、「悲しみの比喩表現」や「話し合い・司会」といった表現活動となると、その図式はまた、変容していく。理解と表現を一体化した学習指導における表現の学習指導過程については、今後検討を重ねていきたい。

(3)　「学び方技能の習得のさせかた」について
——それぞれの学習過程に働く学び方技能を育てるための学習の手引き作り

昨年度の実践から学習過程の中に斎藤喜門氏の学び方技能を組み入れたものを、「(一)　教材選定の観点と教材化の工夫」の「3　単元の学習過程と、学習過程に沿って必要と考える学び方技能」として、設定した。今回の実践を通して明らかになったのは、その学び方技能を育てるための学習の手引きがどの過程でどう必要なのかという点であった。学習者が学習目標を持って活動しようとするとき、常に「何を」「どのように」という壁がある。ことに、発表・交信するというレベルに至るまでの学習技能を見渡した時、かなりの質・量のレベルが要求されることに気づかされる。学習者中心の学習指導を展開しようとする時、つまずきを予想し、準備をしておくことが必要となってくる。

また、「⑪、話し合い・討議の技能」のうち、「司会者の司会の仕方」に関わる技能の重要性にも気づかされた。班単位の学習の場合「学習の手引き③」「学習の手引き⑤」の中に組み込んでその仕方を導いた。また、全体の発表に関しては、「学習の手引き⑨」を作り、その必要に応えた。このように、一斉指導でない場合、それぞれの学習過程での手引きがあって、初めて学習者中心の展開が可能になるのではないかと考える。

学習過程と学び方技能、学習の手引きの関連

学習過程	具体的な場面	学び方技能	学習の手引き（一般的に必要）	学習の手引き（独自の物）
つかむ ↓	・問題を明確にする活動や場	① 課題把握の技能	学習の手引き①	
見通す ↓	・解決に向けて見通しを持つ活動や場	② 課題解決構想技能 （砕き方） ⑪ 話し合い・討議の技能	学習の手引き② 学習の手引き③	
調べて（話し合い）まとめる ↓	・解決に向けて調べ、それを表現活動へと移行する場	④ 要約・抜粋の技能 ⑤ ノート活用の技能 ⑥ 速読の技能 ⑦ 辞書・参考図書・資料活用の技能 ⑧ 図表作成の技能 ⑨ レポート作成の技能 ⑪ 話し合い・討議の技能 ⑫ 書写の技能	学習の手引き④ 学習の手引き⑤ 学習の手引き⑦	学習の手引き⑥
発表・交信する ↓	・発表し、相互交信する場 ・自他の良さを確認し、次への視点方法を取り込む場	⑩ 口頭発表の技能 ③ メモ、記録の技能 ⑪ 話し合い・討議の技能 ⑬ 反省評価の技能 ※ 司会の技能（⑪との関連）	学習の手引き⑧ 学習の手引き⑨	学習の手引き⑩ 学習の手引き⑪

なお、文学の読みという独自性において、学習の手引き⑥を、また、理解から表現へのいざないとして学習の手引き⑩⑪もあわせて作成した。

このように、一般的にどこでも、誰にも出来るための「学習の手引き作り」と、ねらいや学習材の独自性に応じた「学習の手引き作り」の二方向からの検討もしていく必要があることにも結果的に気づかされた。

どの段階で、どういう国語学力のために、どういう手引きの準備が必要かということを、「わかる学習」という視点でさらに検討を加えていきたい。

(4)「表現と理解を一体化し、『交信』活動を組み込んだ学習指導によって子どもたちの何がどのように深まるのか」

(3) 文集による交信の成果——生徒の学習反応③」において、「みんな思っていることが似ていた点。」「少年の悲しみを読んでいたら、なるほどと思うことが多かったし、こんなんが書きたかったと思うものもあった。」「みんなの終戦の感じ方が変わっていくのがわかった。」「F君の『終戦』という作品が少ない字でよく気持ちが表れていた。」「M君が自分が表現しにくかったことをしてくれた。」「私の書いた文の足りないところがいろいろな人の作品に書かれていてよく深めることができた。」「この五班と他の班ではぜんぜん考え方が違っていた。いろいろと勉強になったと思う。」「一つの本だけで、みんな思うことがちがうということを学んだ。」「他の人がどういうふうにとらえ、考えているのかがわかり、よかった。」「M君が自分が表現しにくかったことをしてくれた。」「Nさんの文に共感した。」という反応の中で、作品のテーマに関する認識の変化や、学習者が同じ学習者の視点に学ぶ姿を発見することができた。同時に、物の見方や感じ方、考え方が同じであったり、全く違っていたりという一つの物を見るときにこれだけ多様ものさしがあるという発見もしているととらえられる。さらに、表現面で互いに学びあっているという反応に、文集にして読み合うことが、個々の表現力の向上につながる道筋を示唆していることを確認できたように思う。

【文集の実例】

「僕の防空壕」（野坂昭如）を味わう

・青春探訪
　—野坂昭如の昭和二十年八月十五日をこう考える
・題名にふれてこう考える
・「少年の悲しみ」についてこう考える
　〈感想文の形で・詩の形で—いずれかの形を選択して〉

二年二組　氏名

少年の悲しみ

組（三）番（九）氏名（　）

少年の悲しみ
空襲が起きても、爆弾が落ちてきてもそれ
はなかった。
何が起ころうと壕があれば壕に入れば、き
っとお父さんが守ってくれると信じてた。

少年の悲しみ
壕の中で、お父さんとお母。
一緒に敵もやっつけた。
なのに悲しみなんかあるわけない。

少年の悲しみ
それは大事な宝物を失った時の悲しみと同
じ。お父さんと会えなくなった時だ。
私は今、何不自由なく生活してる。だけど
"二度と戦争を起こしたくない"
そう思うのは、みな同じ、
みんな同じ思いだろう。

それは、一言で言えば「文学を読む楽しさを自分たちで作り上げる。」ということに尽きるのではないかと考える。中学生という心の扉を閉ざしがちな発達段階を迎え、青春の入口を探しかけ始めた彼等にとって、作品という形で人生を濃縮させて語りかける作家との出会い、また、その語りかけに感応して心の扉をあける仲間の姿に出会い、その感性に触れることは、「人間発見」であり、やがては自分の青春の姿に重ねることをも意味するものと考える。「生きることへの共感」、「表現への開眼」、それが交信ではないかと実践を通して考える。

そのことを一言でまとめるならば、「文学を読む楽しさを自分たちで作りあげる」ということであり、それを細かく表現するならば次の五点になるととらえられよう。

① 文学を自分たちで読み込む楽しさ。
② 作者という「人間発見」をする楽しさ。
③ 「学習者同志の人間発見」をする楽しさ。
④ 自分が表現できなかったことを○○君が○○さんが言い得てくれた、という「表現への開眼」。
⑤ 「仲間の豊かさ」への発見の楽しさと「生きることへの共感」。

注1 《作品の呼びかけ構造》
(1) 「読者に一定の構えをとらせ、作者の期待する読者の反応を換びおこすように仕組まれ、仕掛けられた構造」に「自らはまりこむことによって、作品と対峙することが可能となる。」※ 空所、空間、空白の読み
(2) 作品との対峙は、作品との構造によって規定されるだけではない。もう一方において読者の側の条件によっても規定される。読者の既有知識、思想や信条など、作品の読みを規定すると思われる条件は少なくない。
「文学教育の充実、発展をめざして」(「教育科学国語教育」誌一月号臨時増刊 No.三五八 大槻和夫 明治図書 一九八六〔昭和六一〕年一月)

※　作者によって仕掛けられた構造を踏まえて、学習活動を展開させることが重要である。

注2《文学のことばの独自性》

文学のことばが形象的表現であると言われるのは、それが心の中に一つの像（イメージあるいは心象）を描かせる働き（形象性）をもつからである。（中略）したがって、文学の読みは一つのことばを他と関係づけながら、そこにある意味を見出したり、ある情緒を感じたりすることで、特定のイメージを描くものでなければならない。

『文学教育の構想――文学の言葉と感動体験』田近洵一　明治図書　一九八五（昭和六〇）年二月

※　「文学のことば」は単にあるもの（事物や事象）を正確に指し示しているだけではない。そのものの本質を鋭く捉えると同時に、その言葉で表現しようとした主体の思いが表現されている。

参考文献

「平成七年度兵庫教育大学大学院学位論文　文学教育論研究―小学校国語科における実践的方途を求めて―」竹内義信　一九九五（平成七）年一二月

「課題学習―自分の読み取りを表現する『空中ブランコ乗りのキキ』別役実」「月刊国語教育研究」誌№二七〇　向井敬子　日本国語教育学会　一九九四（平成六）年一〇月号　一八ページ

付　記

本節は、第一二回国語教育実践理論研究会近畿ブロック飛火野研究集会（「文学教材における交信―作品の呼び掛け構造と文学言語に着目して」一九九七（平成九）・五　兵庫県・神戸市）および第六（通算三七）回国語教育実践理論研究会全国集会（「学びの道筋を明らかにした交信の授業」一九九七・八　神奈川県・湯河原）において発表したものに加筆訂正したものである。

二　「想う」（五木寛之）の学習指導

――テーマそのものについて作者と対話する学習――

（一）　学習指導の意図

文学の学習指導において、学習者の自立した学習活動を育てるために、腰を据えて取り組む場合と、読書指導単元として、短時間で取り組む場合がある。育てようとする国語学力の違いによって、年間計画の中でその軽重をつけるのであるが、時には、学習者がその折々見せる成長過程の中でのとまどいや迷い、あるいは、学級や学年が抱えている課題に対して、この学習材と出会わせたいという気持ちに駆られる場合が生じる。いわゆる「投げ込み」である。国語科が、また、文学教育が人間形成の課題を背負い込むわけではないが、時には、学習者がタイムリーにこの作品と出会っておけば、学級全体の認識の基盤を作り、方向性をみつけだしていくだろうという直観が働く時がある。教室は生きているからである。ただし、そのような場合は他のクラスとの進度の調整もあり、短時間での学習指導を余儀なくされる。

前者が「一」の「僕の防空壕」の実践であり、後者がここで報告する「想う」（五木寛之）の学習指導である。この二点は、学習者中心に対して一斉指導、一一時間の学習時間に対して三時間と、指導展開において極端なまでに対比的な二点である。しかし、その根の部分は、一緒である。「学習者が作者と対話し、その内容価値に自ら触れ、その学んだものを互いに交信し合ってものの見方や、感じかたを分かち合う」という点であり、「理解と表現を一体化した学習指導の方法」という点で軌を一つにしている。

その意味で私の学習指導の核であることを認識させられたものであり、また、今日の国語教室が置かれている様々な状況の中で、かつ短時間の中での文学の学習指導の一つの姿として取りあげ、実践報告を行いたい。

(二)　教材観と教材化の工夫

1　教材観

「人生に希望というのはほんとうにあるのか」「人生というものは生きるに値するかどうか」という人生哲学を直接投げかけた作品である。命に関わる辛い報道が、足下の直接的な問題として考えざるを得ない程、緊張を強いられる状況がうまれることがある。「生きる力」が教育の根幹の課題として問われる今日、人生の大先輩であり、複眼的に人生をとらえる視点を持つ作者との出会いにより、人生という縦糸について考えるきっかけが出来ると思われる。そのためには、まず、「生」と「死」に対する作者の認識を確かにとらえることが必要である。それにより、自分自身の想いを持たせることに主眼をおいた指導展開につながると考える。なぜなら、作者の重たい問い掛けの背後には、人生の負の部分をみつめ、くぐりぬけた作者が得た人間存在への暖かいまなざしに気づかされるからである。また同時に、ノーマライゼーション、共生教育が問われる時代にあって、人間存在そのものを肯定しようとする作者の視点が独自性を持つこと、また、時代をリードする考えであることにも気づかされるからである。つまり、作者との直接的な対話を仕組むことが、いじめや自殺等自他の命を軽く考える生徒に、命の重さへの認識を得させることにつながっていくと考える。また、それだけにとどまらず、多くのストレスを抱え、人間存在の喜びを時に見失いがちになっている多くの学習者たちにも、自己肯定の視点を見出す契機となると考える。

2　教材化の工夫

学習者にとって短時間の設定の中で、七頁半近い量と「人生観を捉える」という重たく、また格調の高いテーマに対峙し、自分の生き方について考えを持つということは一般的に難しいと考える。そこで、「人生の負の部分をみつめ、くぐりぬけた作者が得た人間存在への暖かいまなざし」という作品の内容価値に、学習者が直接出会い、「生」と「死」に対する自分自身の認識を持たせることに主眼をおいた展開を考えたい。そのために、次の三点の指導法を活用したい。

(1)　一読総合法を取り入れ、読みの必然性を持たせる。

(2)　作者の問題意識そのものを最初から視点に据えた読みの方法をとり、作者と直接対話できるように準備する。

(3)　学習経験や認識の差が多様な学習者であることが予測されるので、「書く」学習を取り入れ、学習者相互の認識にふれて学び合えるようにする。具体的には「読む前の考え」「読んだあとの感想」という形をとって交信できるようにする。

(三)　学習指導の研究

1　学習者の実態

生徒たちは、どのような意識で、「生」やそれに対峙する「死」を考えているのだろうか。経験則で述べれば、大きく次の二点に大別されると捉えている。一点目は、高校進学程度までの人生設計をイメージ化し、あまり深くまで認識していない生徒。もう一点は、祖父母等との死別を体験し、「死」という言葉にまといつく悲しみや恐怖心を心のひだにしまい込んで暮らしている生徒である。時には、「死」を美化して考える生徒も中にはいる。

一方、生徒は日常生活の中で、「死にそう」「死んでしまいたい」という言葉を口にすることがあるし、時には人間関係が悪化した中で「死んでしまえ」という問題発言を行うこともある。学級の問題として、その言葉のもつ意味と投げかけられた者の気持ちを考えさせたときに、「深く考えずに使ってしまっていた」という言葉が返ってくる場合が多い。そのような場合、掘り下げて掘り下げてようやくその言葉を使うことのおぞましさに気づくという状況がある。十三歳、十四歳という発達段階において、「死」を前提としつつ、「生」を積極的な意味で捉え、人生観を持つという考えは一般的には少ないと考える。ただし、先に述べた「死」に敏感な生徒については内向していく場合も考えられるし、宗教に救いを求めていく場合もあると捉えられよう。

次に、参考として、学級指導の中で「死」について心情を吐露した例を示す。

今、いろいろ考えています。「死ね」ではなく、「死ぬなよ」ならいいだろうとも思いました。実際、私も「あの人に死なせてもらったならうれしい」とも言ったことがあったし、ほかにも悲しくて悲しくて仕方のない時も「死にたい」とも思ったこととかもありました。覚えてないけど「死ね」と相手に言ったかもしれません。でも、私は今回の事も含めて、もう軽はずみに「死」ということを言わないだろうし、前から言わなかったけどこれから少しずつ、なぜ使ったらいけないか考えて、そしてどんな生活をすれば「死」というものに対して真剣に考えていって、今回のようなことがなくなって、本当に楽しくなれるのかもう一度考えたい。（女子生徒）

ぼくは、何度も葬式に行ったことがある。その時、必ずみんな嘆き悲しみ、泣く。中には「何で死んじゃったの…。」という人がいる。たしかに、こんなこと言いたくなるだろう。こんなこと言っても命が戻るわけではないし、答えてくれるわけもない。でも、「戻ってほしい」「答えてほしい」という気持ちがあるから言っていると思う。それほど、命とは重い言葉、この世にはそれ以上重いものがないというくらい重い言葉。それなのに、「その命を絶て」といっている言葉である「死ね」を何かといえば使っていた。ぼくも使っていた。人に向かって「命を絶て」なんていうことは誰にも言えないと思う。なぜなら、みんなこの世に必要だから生まれてきたに決まっている。必要じゃないのに生まれてくるわけがない。（男子生徒）

2 学習指導目標

人生について書かれた文章を読み、自分の生き方について考える。

3 学習指導計画

第一時　作品を読む必然性を確認することができる。

(1) 五木寛之が提示する二つの課題について、体験をふまえ自分の考えとその理由を考えることができる。

(2) 学級内において交流し、同年齢の友達の認識を確認する。

第二時　読みの明確化を図り、作者が考えた結論を確かめる。

第三時　テーマに関連する他の作品を知るとともに、友達の作文を通して認識を交流する。

(1) 死に向き合うことで人間の存在や、出会いをかえって慈しむ視点を得ることがあることを知り、坂村真民の詩を紹介する。また、五木寛之氏の他の著作等人生をテーマにした作品を知り、読み拡げの動機を持つ。

(2) 第一、第二時で学習者が記述した感想を交流し、同年齢の友達の認識を確認する。その後、評価・処理のため、第一、第二時で学習者が記述した感想を提出する。

4　評価の基準と方法（第一時に関し、主なもの）

(1)　評価の基準

①　関心・意欲・態度

これから読もうとする作品に対して、期待を持つことができる。

②表現の能力

・二つの課題に対して、自分の考えを持つことができる。

・思いを書きつけて、文章化することができる。

③理解の能力

・作者の認識の背後を読み取ることができる。

・学級内での発言を聞き、自分の考えと比較することができる。

(2)　評価の方法

①　二つのテーマに対して考えを持ち、「読む前の感想」として書きつけることができたか。（書き方や分量は問わない）

②　学級内の交流を通して自分と同級生との価値認識の相違点を　確認することができたかどうか、発表と挙手を通して確かめる。

〈人生には希望があり、生きている価値もあるかどうか〉

（四） 学習指導の展開

1 学習指導の展開（第一時）

時	具体目標と学習内容	生徒（P）の学習活動と教師（T）の指導
1	1 課題意識をもち作者と対話するために「読む前の感想文」を記述する。具体的には次の二点のテーマについて自分の考えを書く。 ① 人生に希望というのは本当にあるのか。 ② 人生というものは生きるに値するかどうか。	T 「これから出会う五木寛之氏の『想う』には二つのテーマについての考えが織り込まれています。若き日に抱いた課題意識に対して六〇歳を過ぎた現在、一つの結論を出しておられます。さて、皆さんにも五木寛之氏の若き日の課題について取り組んでもらって、後に五木寛之氏の考えと重ねて対話してもらおうと思っています。その二つとは、次の二点です。Aさん、これを読んでくれるかな。」〇一生徒音読 T◇「すごいですね、哲学的ですねえ。随分真正面から振りかぶったテーマですが皆さんどうですか、こんなことちらっと考えたことあるでしょうか。人生いかに生きるべきかという人生論というよりも、その前提として、人間が存在することへの懐疑というか、疑問とも読み取れるのではないでしょうか。自立していこうとする、青春の門をくぐろうとしかけている皆さんへの五木寛之氏の挑戦状でもあり、次の世代を担う若者へのメッセージが仕掛けられているようにも考えられます。どうでしょうか。面白そうでしょう。 では、今からこのテーマについての自分の考えと、そう思う理由を考えてみましょ

2　「1」で考えた内容を班で回し読みすることにより、考え方の共通点、相違点を確認する。 3　グループ内の考えを集約し発表する。 一班発表	う。そして、せっかく考えついた想が流れて逃げてしまわないように、これから配付する用紙の二つ折りした右側に読む前の感想として、書きつけておきましょう。時間は一五分間程度とします。」○生徒書き込み T◇「それでは班の形を作って、六人の考えを交流する作業していきます。みんなんなこと書いてるのかなあってワクワクするじゃないですか。では、次の三点の指示で開始して下さい。一つ目は時計回りに回し読みをすること、二つ目は、今日の司会者のことですが各班とも学習係で行って下さい。最後に時間ですが五分です。」 ○生徒班内で交流学習 T◇一班からどうぞ P「①、②については同じ意見で『希望はある』『生きるに値する。』という考えでした。その理由としては、よくわからないがそう思うという考えや、考えたこともないがそう思うというのがありました。その中で、B君のこんな意見を紹介します。『僕は、人間は始めは希望という物はないんだと思う。でも生きていくには、希望という物が必要だと思うから、ないと生きているのがいやになるから作るんだと思う。だから僕は希望はあるものではなく、作るものだと思う。だから希望を作った人にはあり、作らなかった人にはないんだと思う。②については①でいったように、希望を作った人は生きるに値すると思うし、希望を作らなかった（できなかった）人には生きるに値しないと思う。そして、生きるに値しないと考えた人たちは、いじめなどにあった時に生きるのをあきらめてしまう。でも、生きるに値すると考えた

人は、いじめにあったりしても、立ち直れると思う。』」

二班発表

P　「二班も一班と同じで『希望はある』『生きるに値する』と考えています。紹介したい考えはCさんのです。①は『ある』です。人が生きていく中で苦しみは必ずあると思うけれど、ただ苦しみだけで希望がない人生だったら、今、笑ってる人はいないと思う。少なくともぼくにはある。②値する。人間希望があるうちは生きるに値すると思う。ただこのまま勝手な生き方をしていたら生きるに値しない生物になってしまうと思う。」

三班発表

P　「三班は『希望はある』という考えについては今迄の班と同じですが、『生きるに値するかどうか』については『分からない』と答えたD君の考えがありました。三班はD君の考えを紹介します。②については僕は分からない。わけは、生きていくのは生きていくだけでよい世界を作ろうとするが、違う方向にいけば自然をこわし、動物を殺し、資源をとり尽くすなどで地球によくない事がないともいえないと思う。

　もし、値するとしたらあんな殺し合いだけの戦争も出来ないだろうし、値しなくても、人類が誕生してここ迄生きてくる前にとっくに滅びてるかもしれない。だから僕はよくわからない。」（以下、四～六班略）

4　六つの班の考えの共通点と違いを確認する。

T◇「なるほど、こうして六つの班の考えを束ねてみるとほとんどの人が人生には希望はあると肯定的な考えを持っているんですねえ。一方、『生きるに値するかどうか』については二通りの考え方があると分かりました。一つは、希望を持った人は、

①「人生は生きるに値するかどうか」について三つの考え方があることを認識する。 ②課題意識をもって読書することを知る。	生きるに値するという考え、二つ目には、辛いこと、苦しいこと、喜びを潜り抜けるという事自体が人生を素晴らしく使っていることであり生きるに値しているという捉え方、三つ目はよく分からないという考え。その理由として挙げられていたのが、戦争を引き起こしたり、他の動植物の命を奪って生きているという存在、また、地球環境を悪い状態にもっていったりしているというマイナス面を見据えた考えと、でも、それでも、今日まで自分たちがこうして生きてきている、命をリレーして生きてきたという面で、人間が存在している価値をプラス思考で捉えて、つまり、その両方が見えるためわかりにくいということでした。 　いずれの意見もなかなかよく考えられたものと思えます。 　さて、皆さん、この三つの中に自分の考えが入っていますか。違う考え方はありませんか。」 T◇「では、次の時間、このテーマを提供して下さった五木寛之氏ご本人に本を通してご登場戴いて、五木寛之氏自身どのような結論に達したのか、そしてその理由としてどういう考えがあるのか、また、そもそもどうしてこのようなテーマを持つことになったのか、そこのところを確かめてみることにしましょう。」

2　第一時以降の学習指導の展開

時	具体目標と学習内容	生徒（P）の学習活動と教師（T）の指導
2	読みの明確化を図り、作者が考えた結論を確かめる。 ① 全文を一読総合法的に読み、考えの道筋をたどる。 ア「人間というものは、第一生まれてくる条件を何一つ選択できない。第二に、生まれて生きてゆく最終目標、終着駅を選択できない。第三に乗車期間が限られている。この三つのことを……に考えます。」（二〇一頁九行目迄）を読む。 イ作者が「ア」の認識に対して、肯定的に論を進めるのか、否定的に論を進めるのか予想読みをさせる。 ② 「しかし、どの人間もみんなそのままに与えられた命というものを必死で戦って生きてきた一人の人間なのです。」という作者の人間肯定に対する考えと、その根拠をたどる。	① 七・五頁にわたる長さである。通読しただけでは筆者の考えの根本の部分を読みとばしたり、読み誤ったりする可能性を含んでいる。一気に結論を読み取らせるのではなく、逃れられない人生の「負の条件」と、それに対して作者がどのように想を展開させていくのか、読解のポイントとなる視点をこちらであらかじめ準備しておきたい。 また、作者の考える三つの条件は、生徒の認識や心情に揺さぶりをかけ得る重たい提示内容である。このことを認識することが、作者と同じ目の高さで人生についての想をめぐらすことになると考える。 ② 「どの人間もみんなそのように与えられた命というものを必死で戦ってきた一人の人間なのです。」という人間肯定の考えは、希望を持って頑張るからこそ人生に価値が見いだせると考える生徒の認識と対峙するものであることを押さえる。また、なぜ作

3
・死に向き合うことで人間の存在や、出会いをかえって慈しむ視点を得ることがあることを押さえ、坂村真民の詩を紹介する。また、五木寛之氏の他の著作等人生をテーマにした作品を示し、読み拡げられるように動機づけを行う。 ・評価・処理のため、第一、第二時で学習者が記述した感想を提出する。
者がそのように考えるのか、「しかし泣きながら生まれてきた人間が、それでもいきてゆこうとして、十年生きて子供のうちに死んだとしても……ですから、これだけの重さを背負いながら、これだけの不条理をはね返しながら、いろいろな人生の変化の中で今生きているというだけで、その人の人生は、ものすごく価値のあるものじゃないでしょうか。」を押さえる。 ③　ノーマライゼーション、共生教育の時代にあって人間の存在そのものを肯定しようとする作者の視点の暖かさと独自性、時代の流れをリードする考えであることに気づかせる。

（五）　学習活動の状況および反応の実際

1　生徒の学習反応(1)

・本当にそのとおりだと思うことばかりだった。死ぬことが決まっているけれど、その決まった期間を上手に生きるという考えを見習いたいと思う。初めて本当にそうだなぁと思った文章で、五木さんの本をちょっといろいろ読んでみたくなった。（男子生徒）

・人が生まれるときには何も選択できない。悲しいけれどその通りだと思う。しかし、生まれてきたと同時にその悲しみを背負うから人は精いっぱい生きるのだと思う。生きていられる期間が短いから、死に向かっての旅だから、人は一生懸命生きているのだと思う。（女子生徒）

・「自分を認めてやる」、これはとてもむずかしいことかもしれない。何もかも投げ出したくなって、自分がたまらなくいやになり、存在を否定したくなるかもしれない。そんなとき自分を認められたら、きっとすばらしく幸せになれるだろう。「死」そして「生」、自分を認めながら生きていく人生を作れれば、そこに希望が開けていくと思います。（女子生徒）

・ぼくには夢や希望はあるのだけれども、「ぼくは生きる価値があるのだろうか？　本当にぼくはぼくであるのだろうか？　この体はぼくを表現する一部にすぎないのだろうか？」という三点について考えたことがある。今思えば、子どものころのたわごとだったのかもしれないと感じるのだが、ぼくは五木寛之先生のテーマには共感するものがあると思った。ぼくは、人間には生きる価値があると考える。もちろん希望も。今日はいい勉強になった。（男子生徒）

・人生のことなんて考えたことがありませんでした。今はゲームにだってなっていて、しかもゲームでは、何度もやり直せてしまいます。私は、こんな生活の中で人生について軽い考えしか持っていなかったのです。しかし、私の人生はすでに十二年分終わってしまっているのです。こんなときに、「想う」を読むことになったのです。「想う」のような哲学的な文は初めてだったので、二つのテーマについてはだいぶ考えさせられました。でも最後には、五木さんと似た意見になるのだろうから、考えみつめ直すことが大事なんだろうと思いました。

中学生でも、五木さんの作品で変われるような気がします。他の作品も読ませてほしいと思いました。（女子生徒）

・私は今生きている事がうれしい事だと思った。決まっている道でもその時を一生懸命生きたいと思う。自分の今までの人生を認めてやれなかったが、前向きな方へいきたい。（女子生徒）

・この文を読めば「死」ということをテーマに書かれています。テレビや新聞などでは死亡記事などが多く書かれています。私はそれを読んでも「ふーん。」としか思いません。でも、もし、自分の親や友達、ペットなど死んだと考えればどうでしょう。恐ろしくて辛いと思います。しかし、今の私達みんな百年以内には全ていなくなってしまうのです。そう思えば親も友達も恋しくなってきて今、そして時間も大切にしていきたいと思えます。（女子生徒）

2　生徒の学習反応(2)

「1」のように教師の指導、同級生の触発、自己の発見を通して深化した生徒のまとめ読みの感想文を次に紹介する。

記述例①

この作品を読んで、「人生に希望はあるのか。」、「人生に価値はあるのか。」という作者からの問いかけに対し、私は、人生は「希望」だと思う。希望って何だろう。考えたことはないけれど「一生懸命生きること」だと思う。

人間はたしかに泣きながら生まれて、そこから一日一分一秒と向かっていくところは、一〇〇％「死」である。泣きながら生まれて、もしかしたら泣きながら死んで、死ぬまでずっと泣いているのかもしれない。でもそこには「希望」がある。希望があるから笑うことができるのかもしれない。私の人生は十三年分終わって、こうしている今も死に向かっている。私は明日死ぬのかもしれない。そう考えたときの想いは、死への恐怖だろうか。私は違う。死ぬまでの一日、そして十三年間がなんだかとてもありがたく思えてくる。過去の一秒、現在の一秒、未来の一秒がとても大切になる。私は、きっとそう想うだろう。

空には虹がかかる時がある。虹は七色の光を放ち、それは美しいが一瞬にして消えてしまう。これは人生そのものだ。虹が昼も夜もずっと空にかかっていたら、きっと美しいと思えなくなってしまう。いましかないから美しいと想えるのだ。人生の期間が無限だとすれば、一日一日をただボーっと過ごし、一日のありがたみも感じず、人が生きていることも美しいと想えなくなるだろう。その時、人間は非常に傲慢になると想う。

人生がいくら大切だとわかっていても、自分の存在を否定したくなるときはどうしてもある。生きることは戦いだ。いろんな不条理をはね返してはね返して、体あたりでぶつかって、それでやっと人生の一秒を得ているのである。そんな中で自分がいやになっても当然である。でも、だからこそ、「自分を認めてやる。」ことが必要なのだ。

虹の橋を渡るトラベラーが、自分の人生だとすれば、今にも消える橋を渡るだけで戦いだ。一生懸命生きる「希望」がそこにある。自分を認めてただボーッとつっ立っているだけで、それはとても美しい人生である。自分の人生をそんな美しい人生にしたい。「死」への道を美しく生きる、そのために自分を認める。私はそう想う。

記述例②

「死を想え」——。これは、この話の中心となった言葉です。そして、昔から最高の心理とされてきたことなのです。この話の中で、作者の五木氏が考えてきたこと二つが出てきました。その五木さんのテーマを考えるだけで私はゆきづまってしまいました。一回さらっと読んだかぎりではこんなこと考えたことがないと思ったからです。

しかし、何度も読むうち、「これって、あのとき考えたりしなかった?」と、思い当たるふしがいくつも出てきました。それは、「こんなことしてても、あの子には勝てない。」(=希望なんてない)という感じで私の心に現れるのです。ようするにテーマの所までは、誰でも考えたことがあるわけです。そこで私は、この五木さんの考えをたよりに、自分なりに残りを考えてみようと思います。

初めのテーマを考えてしまうとき、それは何もかもうまくいかないときなど、不快なときです。それだから、「いつか死ぬのだなぁ」という方向になっていくのでしょう。でもそれを「暗いこと」と取るか「大切なこと」と考えるかで、その人のその後の人生は大きく変わってしまうのではないでしょうか。

たしかに、「死」について考えるのは暗いことかもしれませんが、それを考えることで、「いま、私は幸せだな」と思うことができます。そして、きっと、とくにとりえなんかなくても生きていられること、己れが己れでいられることの大切さが分かると思います。その見方によって、人生の価値観は大きく変わるのです。

五木さんも同じようなことを言っていました。『こうして暮らしていることだけでも自分を認めてやろう』と。私は、まだ自分はだめだという考えを持っていると思います。でも、私はとりあえずここに実在しています。それだけで、みんな尊いのだと思います。「死を想う」ことは、「生」を感じること。私は、まだ中学生だけど、分からないことも多いけれど、とりあえず自分なりに考えることができました。五木さんは、本当にすばらしい人です。こんなの考えるだけでも難しいのに、自分の考えをより多くの人々に知ってもらおうとするなんて。私は、これからも、この「想う」に出てきたことを心にとめておき、まだ残っている人生に生かしていきたいと思っています。

（六）　学習指導の評価と考察

1　学習指導の評価

指導目標と結ぶために学習活動の視点を明確にした展開を試みた。学習者が豊かな読みを行うためには、「読む力」のほかに読み手の既有の経験、ものの見方、考え方が大きく影響すると考える。また、同世代の認識に刺激を受けることも多いと考える。今回の、生徒の考えを確認したとき読み手が課題意識を持って作者と対話しようとし、先を予想しようとしていることが確認できた。しかしながらわずか三時間の中で哲学的な内容を十分に整理し、自己認識へと高まっていくことは、十三歳十四歳という発達段階においては困難であると考える。考えようとする態度形成の芽が出たことで所期の目的をほぼ達成できたととらえたい。

2　考察

⑴　学習指導の目標に対して

読む前の感想においては、「希望を持つからこそ生きている価値がある」と多くの生徒がとらえていた。しかし、五木寛之氏の随筆との対話を通して、人間存在の状況への認識とその状況を冷静に見る目を養うことがそれなりにできたのではないかと考える。また、それを可能にしたのが学習指導の展開方法であったと考える。

①　課題意識をもち作者と対話するために「読む前の感想文」を記述させたこと。それが作者と同じ目の高さで、人生についての想をめぐらすことにつながったと考えられる。

②　一読総合法を取り入れ、読者同志の交信と作者との交信の間に「作者はどう答えをだすのだろうか」という

読みへの期待を持たせたこと。

③　学習者の認識や心情と対峙する作者の人間肯定の思想は、十分に揺さぶりをかけ得る深くかつ意外な提示内容を持つ作品であり、なぜだろうという気持ちが、その根拠の読み取りに向かわせられたこと。

④　二時間の学習展開が、「書く」→「聞く」→「読む」→「話す」→「聞く」→「書く」→「読む」→「書く」という形で、書いた内容が「聞く」「読む」という形でフィードバックされ、また、フィードバックすることで、学習者の認識の差が見えて、結果的に対話学習が成立したこと。

（2）　今後に向けて

①　当初考えた交信のモデルは、「作品の主題からのアプローチ」→「読者と作者との交信」→「読者と読者との交信」であった。しかし、作品の特徴から結果的に「作品の主題からのアプローチ」→「読者と読者との交信」→「読者と作者との交信」→「読者と読者との交信」に代えての実践となった。「読む前の感想を書く」「それをあらかじめ交信しておく」という読みの準備のスタイルである。

「1　人生に希望というのはほんとうにあるのか」「2　人生というものは生きるに値するかどうか」という作品の構造に関わり、また同時に主題に関わる文学の言葉が、随筆という性格から直接提示されているので効果を感じた実践であったととらえる。同様の構造を持つ作品の場合、応用できる学習展開であると考える。

②　この学習材の場合、一読総合法を取り入れた読みが展開できた背景には偶然があった。新しく教科書に採用されたということで、数か月早く指導事例作りのために先行実践を行ったという経緯があったからである。もちろん、作品の深さと学習者が抱えている実態があり、今この時期にこの作品と出会わせたいという必要感が先に立っての先行実践であったが、教科書のない中で結果的に学習者は全員が作品と全く新鮮な形で出会う状況が生まれた。一読総合法の読みは、これ以外にも道徳の学習指導等に折々使って効果を感じていた読みの指導法であ

る。国語科の場合投げ込みの学習指導としてもっと活かしていけるのではないかと考える。

③　この「想う」の実践は、学活面で緊迫した課題も抱える中、教科担任としての実践であった。緊張感もあり、学習者にとって文学が時には即生きて働くものであるという実感を持たせられたようにも思う。また、短時間の中での実践という限られた状況の中であり、形は、一斉指導であるが、理解と表現の一体化をめざす学習指導を展開したことで、結果的に学習者の交信活動を生み出すことができた。本来は、学習者が探索し、テーマを持って「死」を見つめ、「生」を認識する読書展開や読みの姿が望ましいと考えるが、抱える国語教室の状況に応じて、その入口に立つ学習展開の一つの姿があってもいいのではないかと考える。

参考文献

「豊かな読みを育てる感想文の書かせ方」「実践国語研究」誌　明治図書　一九八四（昭和五九）年一〇〜一一月号

『日本の名随筆　死』野坂昭如　作品社　一九八三（昭和五八）年三月

付　記

本節は、『想う』が東京書籍に新教材として掲載されるに当たって、指導事例集（『新編新しい国語2　教師用指導書　指導事例編』東京書籍　一九九七（平成九）年四月）に掲載するために先行実践したものであり、そこより加筆修正して転載させて戴いた。

第Ⅲ章　理解と表現の一体化をめざした学習指導――古典

一　「徒然草」（吉田兼好）の学習指導
――自主編成した教材群をもとに作者と対話する学習――

（一）　自主編成の意図

1　単元名
「古典に親しむ――『徒然草』の作者と語る」（教科書教材「神無月のころ」を含む自主編成）第二学年対象

2　学習指導の意図
(1)　この指導は、『徒然草』のテーマ読み――テーマごとに選定された複数の教材を読む――ができる一人学びの作業プリントを準備し、兼好の心や、韻文の響きに数多く触れさせ、古典に親しませることをねらったものである。
(2)　『徒然草』の文章は、教科書には三段ずつしか採録していない。これでは多様な人間的側面や表現法を持つ兼好法師の心と言葉の魅力に十分触れさせるには数が少なすぎると思われる。そこで、従来のパターンをはずし、テーマを設定し、テーマごとに基本教材、選択教材を選定して教材の自主編成を試みた。

(3) 生徒たちの自主学習を促進させるため「一人学びの作業プリント」により教材化や学習の手順方法の指示などを工夫し、新味のある指導を心がけた。

(二) 教材選定の観点・教材の編成と教材化の工夫

1 教材選定の観点

・現代の生徒の生活感覚に同心円を持つもの
・判断を示す言葉が明確で、生徒の生活感情に揺さぶりをかけ、作者との対話が可能なもの

教材選択の視点

・生徒の生活実態
・生徒の生活感覚・美意識
・生徒の言語意識の実態

読み手の鑑賞能力や興味の個人差

2 今回設定したテーマと教材の編成（三テーマ・十三作品　◎印＝基本教材　●印＝選択教材）

(1) 季節感・美意識をさぐる

◎神無月のころ（十一段）　●雪のおもしろう（三十一段）　●九月廿日の頃（三十二段）
●折節の移り変はる（十九段）

(2) 友人観・人間観をさぐる

◎友とするに（百十七段）　●人はかたちありさまの（一段）　●よろづの科あらじと（二百三十三段）

（3）　生きる知恵に学ぶ

◎ある人弓射ることを（九十二段）　●仁和寺にある法師（五十二段）　●高名の木のぼり（百九段）

●亀山殿の御池に（五十一段）　●能をつかむとする人（百五十段）

3　教材化の工夫――「作業プリント」の内容

（1）　原文に当たらせつつ必要に応じて添えた現代かなづかいの読みと、古語の意味によって、古文が読める、古文の意味が読み取れるという達成感を味わわせることを仕組んだ〝一人学び〟の材料である。

（2）　一教材に必ず「作者との対話」の欄、「言葉を磨く」の欄を設けて書かせるように仕組み、読みの深化、古語への立ちどまりをねらった。

（3）　イメージ化が鍵となるものについては、「情景画を描く」欄を設けた。

季節感・美意識をさぐる・その1　「神無月のころ」第十一段

神無月《かみなづき》（かむなづき）〔旧暦の十月〕のころ、栗栖野《くるすの》〔京都市山科《しな》区〕といふ（う）所を過ぎて、ある山里にたづ（ず）ね入る〔（作者が）〕ことはべり〔◀が ◁ございまし〕しに〔たが〕、はるかなる〔ずっと遠くまで続いている〕苔《こけ》〔◀ ◁生えた〕の細道を踏み分けて、〔◀◁行った奥のほうに〕心細く〔物寂しい様子で住んで〕住みなしたる〔いる〕いほ（お）り〔粗末な造りの小さな家◀が◁〕あり〔ある〕。木《こ》の葉にうづ（ず）もるる〔埋《うず》もれている〕かけひ〔樋《とい》〕のしづくならで〔◀でなくて◁　の落ちる音〕は〔は〕、……

旧暦の十月のころ栗栖野という所を過ぎて、ある山里にたずねて入ることがございましたが、ずっと遠くまで続いている苔の細道を踏み分けて行ったその奥のほうに、もの寂しい様子で住んでいる粗末な造りの家がありました。木の葉に埋もれている樋のしずくの落ちる音以外には、……

作業プリント

（三）　学習指導の研究

1　学習者の実態

単元の直前の教材である『平家物語』では、現代語訳が付されており、また軍記物語という性格や、群読の導入により、男子生徒もかなり古典への興味を持ち出していた。『平家物語』の指導の直前に取ったアンケートでは、「古典が読めるようになりたい」と答えた生徒は約七割であり、その理由は、(1)昔の表現が知りたい、(2)昔の日本の様子が知りたい、(3)昔の人の考えが知りたい、の順であった。拒否傾向を示した三割の生徒の理由は、(1)昔の表現がむずかしいから、(2)昔のことに興味や関心を持てないから、がほぼ同数であった。『徒然草』については、一部の読書家や、クイズの読みで作品のみを知っている生徒がいるだけで、ほとんどの生徒は予備知識を持たない。

2　学習指導目標

(1)・鋭い感受性や人間観察の眼を知り、古典が時を超えて現代につながるものであることを知らせる。
・主題に即して作者と対話し、書くことを通して自分の考えを深め、書き表す力へと転化させる。

(2)・自然や人物の描写などに注意して、古文のリズムを生かした朗読ができるようにさせる。
・古語に対する語感を磨き、言語感覚を養う。
・古典に親しみ、すすんで古文を読む態度を養う。

3　学習指導計画（全八時間）

第一次　各テーマごとの基本教材を理解し、味わわせる。（個別学習・全体指導）……………………（三時間）
第二次　各テーマごとに選択教材から発展学習の文章を選択させ、一人学びさせる。（個別学習）…………（三時間）
第三次　プリント類を冊子にして製本した後、一人学びして書きあげた情景面や作者との対話欄・言葉を磨く欄を交流させる。（全体指導）…………………………………（一時間）
第四次　各テーマの基本教材を中心に音読の交流をさせる。（全体指導）…………………………（一時間）
なお、事後指導として、生徒の書いた情景面や文章を類別、一本に編集し、読み合い、評価させる。

（四）学習指導の展開——理解学習から表現学習へのいざない

1　「テーマ(2)　友人観、人間観をさぐる」の例——「友とするにわろき者……」（第百十七段）の指導の展開

本時の目標
(1)　兼好の友人観を読みとり、批判や共感を抱かせる。（理解学習）
(2)　自分の友人観を兼好法師の文体を借りて表現し、人間心理の変化と不変とを実感させる。（表現学習）

2　学習の展開

学習内容	学習活動	留意点・資料・その他
1　正しく音読する。	○一人読み・グループ読み・一斉読みをとおして正しく音読し、読めるという達成感を持つ。	●同語反復・体言止めの表現法により簡潔な表現となっていることに気付かせる。
2　口語訳する。	○傍注を参考に口語訳し、あらすじをつかむ。	●「やんごとなき」、「くすし」に留意させる。病弱だったことや厭世した事情を押さえて背景を確認する。
3　兼好法師の友人観の背景をさぐる。	○わろき者とよき友として挙げている条件で共感を覚えるもの、疑問に感じるものを取り出し、現代と比較してその背景を考える。	
4　自分の友人観と重ねて感想を持つ。	○自分の友人観と重ねて感想を書く。 ○兼好法師の文体を借りて自分の友人観を書き、互いに読み合って話し合う。	●年齢や置かれている立場・時代によって物の見方や考え方が生まれてくることに気付かせる。
5　言葉と表現に学ぶ。	○第百十七段の構成や語法・言葉を学び朗読する。	●言葉の響き、使ってみたい言葉等。

（五）　学習活動の状況および反応の実際――「作業プリント」記入の実例

1　学習活動の状況――「作業プリント」の実例（注1）

例1　口語訳の実際

友人観をさぐる　その1　「友とするに」（第百十七段）

友とするに《の》わろき《よろしくない》者《が》七つあり《ある》。

一《第一》つには、高く《身分が》やんごとなき《高貴な》人、

二つには若き人、三つには、病なく身強き人、四つには、酒を好む人、五つには、武く勇める《勇敢に勇み立つ》兵《武人つはもの》（つわもの）、六つには、虚《うそそら》言する《をつくごと》人、七つには、欲深き人。

よき友三つあり。

一つには、物くるる友、二つには、くすし《医者》、三つには、智恵《の》ある友。

友とするのに、よろしくない者が七つある。
第一には、身分が高く高貴なお人
二つには、若き人
三つには病なく身強き人
四つには酒を好む人
五つには勇かんに勇み立つ武人
六つにはうそをつく人
七つには欲深き人
よき友三つあり
一つには物をくれる友
二つには医者
三つには智恵のある友

例2　「言葉を磨く」欄の記入例

響き　**やわらかさ　美しさ**　を感じさせる言葉

よき友　やんごとなき人　高く　若き

使ってみたい・気にいった言葉

智恵ある友　友とするに身強き人

現在使われていない言葉

くすし　やんごとなき　わろき　虚言

兵（つはもの）

例3　「作者との対話」欄の記入例――「友とするに」(百十七段)

自分の友人観を重ねて感じたこと

わるい方の友の中に「若い人」というのがあるがなぜ若い人ではいけないのだろう。私にとって、友とする人はやっぱり若き人の方がいい。「虚言する人」や「欲深き人は私と同じであまりよくないと思った。よき友の中では「智恵ある友」というのが一番すばらしいと思う。

2　反応の実際――「作業プリント」記入の実例

例4　現代版「友とするに」――生徒自身に友人観を書かせ、兼好法師のそれと対比させることをねらった例

友とするに、わろき者七つあり。一つには人の悪口をよくいう人、二つにはすぐないしょ話をする人、三つには人の気にしていることを言う人、四つには、自分のことしか考えない人、五つには言うことがきつい人、六つには、嘘をつく人、七つには自慢する人。

よき友三つあり。一つには、自分のことを考えていてくれる人。二つには、自分の悩みを聞いてくれる人、三つには、自分の悪いところを注意してくれる人。

「友とするに」(第百十七段)より

例5　現代版「少しのことにも先達はあらまほしきことなり」――生徒自身の体験を書かせるなかで、現代にも息づく「生きる知恵」であることを確認させようとした例

ある時父が、「おつまみの枝豆をゆでてくれ」と私に頼んだので、早速ゆで始めた。お鍋に水を入れ、私は水

の時から何の気なしにバチャバチャと入れた。そうして二、三分後、母が様子を伺いに来た。枝豆が水に沈んで火にかかっているのを見て、「土から上にできる食物は湯から、下にできるものは水から入れ、ゆでる」と言った。

　私はまた一つ、ちょっとしたことを教わり、「少しのことにも先達はあらまほしきことなり」と、思った。

「仁和寺にある法師」（第五十二段）より

例6　「言葉を研ぐ」より

　一つ一つの言葉はいにしえの言葉そのものだ。表現がやわらかく、美しく、しみじみと感じ入るみとのできる言葉。私たちは「とても」じゃ表現しきれないなら「すごく」、それでもまだだめなら「すっごく」なんて言葉使ったりする。それなのにここでは「いみじきや」「～こそあはれなりしか」「いとをかし」などと、まるい言葉をさらりと使って、それなのに「とても」よりも、「すっごく」よりももっと強調された感動を感じとることができる。

　この人にバスケットボールの試合などを徒然なるままに書かせたらどうなるだろう。

　とほくよりはなれたぼほるが、ごほるにおさまりたるときこそ、をかしけれ。

　なんだか勇ましいドリブルも、まりつきのようにやさしくなってしまいそうだ。

例7　「読み重ねて」より

　徒然草の季節感のところは、読んでいると話の世界が目にうつってくるようにおもしろいところがあった。また、言葉の流れというか響きのきれいなものにも面白さ（興味かな）を感じました。友情論のところは首をかしげるところが多かった。時代の流れかなと思った。とくに、「人はかたちありさまの…」という話にそれを感じた。「友とするに…」というのは、ちょっと私情をはさみすぎなんじゃないかと思いました。

私が三つの中で一番よかったと思ったのは、季節感でした。景色のこと、友達のこと生活のことみんな「心ころころ(注2)に書いたことがあると思う。言葉や表現は昔の方がすばらしいと思ったけど、季節で感じることは今も昔も同じだなと思いました。」

(六) 学習指導の評価と考察

1 学習指導の評価――学習の達成度から

作業プリントの最後に、「心に残った一テーマを選び、感想や意見を述べなさい。」「兼好法師が使っている言葉から受ける印象を書きなさい。」という、学習の達成度を確認するための欄を設けた。一生徒の記入例を次に紹介する。

① 選んだテーマ――「生きる知恵に学ぶ」

そういう考え方もあるのかと納得するようなものが多かったと思う。例えば、木に登ると、下りる時下のほうが特に気を付けて下りなければいけない、という考え方もなるほどそうだな、と思った。高い所にいる方があぶないんじゃないかと思うのが普通だけど、下の方が危ないなんて、あまり考えないことだと思った。時代は違っても、そのころの知恵というのは、今も変わらないのだなあと思った。三つのテーマの中で、一番心に残ったのは、一番納得したからだと思う。私も「生きる知恵」を、自分で考えてみたいと思った。

② 兼好法師が使っている言葉から受ける印象

今はあまり使われていない言葉の中では、「神無月」という言葉が一番強く印象に残った。ただ十月というよりもとても心に残るし、聞いた感じがとても美しいと思ったからです。またその言葉から頭に情景が自然と思い出されるものや、静かな感じの言葉があるので、読むと心がだんだん落ち着いてくるのが分かる。美しい言葉などを使っているので、読むとすらすらと流れるような感じもした。兼好法師のように美しい言葉を自然と文章などに使えるようになったらいいなあと思った。

2　考察

(1)　自主編成の観点から

「古人の心・言葉の響きにふれる」という当初のねらいはほぼ達成したと考える。各テーマの設定および、基本教材については生徒の反応に手応えを感じた。一人学びプリントがあるため、教師中心、理解指導中心の指導展開をする必要がなく、音読や学習者の記述したものをフィードバックするという節目節目での活動で全体学習を行うというメリハリの利いた学習指導がかなりできたと考える。古典とはいえ学習指導によっては中学生が楽しむことができるものであると実感した。

自主編成した資料の数と質については、今後の課題としたい。

(2)　理解と表現の一体化の観点から

本実践において古典でありながら「作者と対話する」という理解と表現との一体化をめざした展開ができたのは、次の指導法に支えられたからととらえる。

①　「一人学びで古典の口語訳ができる」という大村はま先生の指導法の開発（注3）に学び、それが有効な方

法であったこと。
②「テーマ読み」の設定という指導法が、作者の多様な人間性を浮き彫りにし、作者との距離感を縮めたこと。
③ 反応の多かった「友とするに」の場合、
ア 短く簡潔であること。
イ 身近な題材であること。
ウ 意外とも取れる書き手の本音の告白に、人間味を感じ距離感がさらに縮まったこと。
エ 記述量が少なく、負担感が少なかったこと。

また、出来上がった学習者の「現代版友とするに」の交信によって、相互の友人観を知ることができ、結果的に、楽しい古典学習につながっていった。さらに、「書き手との対話を可能とする学習指導法」という点で多くの示唆を受けた。発想、構成、叙述の展開としての書き出し、用語、文体、処理という点で、理解から表現へという道筋で、「何」が「どう」転移していくのか、という基本の手順を学習者にも指導者にも学ばせてくれた実践であった。

全体としては質・量の精選ということで、反省も多い実践であったが、中学生が興味を持つ「古典資料の発掘はどうあるべきか」という課題の道しるべを得たととらえている。

（注1）（注3）『大村はま国語教室③古典に親しませる学習指導』（一九八三（昭和五八）年三月　筑摩書房）掲載のワークシートを参考にして作成させて戴いた。
（注2）入学時から国語の学習時間の最初に書き綴る短作文の題名のこと。「V章」で取りあげて記述している。

付　記

・第一一二回日本国語教育学会関西集会（韻文表現に生かす古典の学習指導の試み―言語感覚および認識力の育成を願って

一九八七（昭和六二）年六月兵庫県・西宮市）で発表した後、「古人の心・言葉の響きにふれる随筆の学習―二年・自主編成『徒然草』」『新学習指導要領　中学校　国語科のキーワード五　楽しく学べる古文・漢文の指導』（飛田多喜雄監修　巳野欣一編　明治図書　一九八九（平成元）年三月　三八～四五ページ）として執筆する機会を戴いた。本節は、それをもとに加筆、修正したものである。

・実践の年代としては、『平家物語』とともに古いものであるが、あえて、その報告をすることとした。古典とはいえ、指導法によって中学生が楽しむことができるものであると実感した最初であり、指導者が前面に立つ学習指導法からの脱脚という点でも得ることの大きい実践であった。

自主編成の学習資料を整えた実践は中から大規模の学校においては物理的な課題もあるが、一つの学年を一人で受け持つという教室経営の環境が許されて存分に実践展開ができた背景を持っている。反省し、修正していかなければならない面もあるが、その折に出会った熱心な学習者と共同で作り上げたものである。また、転勤して教室経営の環境が変わっても、その一部を取り出した実践指導を通して有効性等を確認している。その意味で古くて新しい実践の一方法ではないかと考え、取りあげることとした。

二　「平家物語」（扇の的）の学習指導
――古典のリズムを群読と短歌で表現する学習――

（一）学習指導の意図

理解教材は、筋立ての面白さや人物の魅力に乗っかってわからせたつもりで授業運びをしていることがある。ところが、単元末の感想記述や知識理解テスト、あるいは朗読テストを試みた時、目標に到達していない状況を目の前にして自己反省を強いられることが、ままある。それは、生徒の実態把握の不十分な到達目標を設定していたり、援助の段階で手抜きをしていたり、あるいは学習を十分に達成し得ないまま次のステップに移行していることに大きな原因があると自己分析している。

ここで取りあげる「扇の的」は、語ることでくちびるに、聞くことで耳に心地よい快感を与える美しい音律を備え、また、的を射きる前後の情景が対比的に描かれて、読むもの聞くものに時代を超えた人間の心情や夢幻的な美しさを印象づける教材である。しかし一方では、言葉の壁や時代の壁、また長編の一部を切り取ってつなぎあわせて提示されているという状況等相まって指導事項が多く、ともすれば前述した反省点に陥ったこともあった。

そこで、授業のあり方を改善していくために形成的評価を導入し、指導と評価を一体化して授業に臨んでみた。

(二) 学習指導の研究

1 学習指導計画・評価計画の手順とポイント

(1) 文章構造図を作成し、培うべき能力と学習内容を決定する。
(2) (1)をもとに、下位行動目標を洗い出し、評価事項・方法を検討する。
(3) 一次感想の記述用紙や過去の実践をもとにつまずきを予想する。
(4) 到達目標と生徒の実態、時間数を考慮して作業ノート、朗読台本、学習プリント等援助の手立てを準備する。

2 文章構造図の作成

(1) 「扇の的」文章構造図（一部抜粋）

段落	解説部	第一段	第二段
行動や説明的表現	・義経あらしをついて突如として屋島へ攻め寄せた。	・平家に背いて……判官の群勢はまもなく三百余騎になった。 ・沖の方から美しく装った小舟が一そうみぎわへ向かって……五十間ほどの所まで……。 ・年のころ十八・九歳ばかり……女房……扇を竿の先につけ手招きをした。	まだ二〇歳前後の男、判官の前にかしこまった。
情景描写			
心情の描写		「今日は日が暮れた。戦いはこれまで」 (なんだろう) 「あれはどういうことであろうか。」 ・射よとのこと ・はかりごとかも ・しかし、ともあれ 「味方にあれを射落とすほどの者はいるか。」「証拠は?」「では呼べ」	「敵に見物させさせよ」 ・味方の不名誉 ・必ず射当てることのできる人に…
言語等留意事項	あらしをついて 突如として	背いて 五十間 みぎわ 女房 手招き ともあれ ほどの者	かしこまった 見物

黒のたくましい馬
まろぼや
弓を取り直し

怒って
・義経が命を背くべか…

重ねて辞せば悪しか

命
べからず

(2) 技能・能力の立体的把握

〈中心技能〉

『平家物語』の中に生きている人間像をとらえる。

↑

支持技能①

○登場人物の言動の描写に注意しながら那須与一宗高が弓で二度射る決心をするいきさつと心情をとらえる。
○戦の非情さと一服の清涼剤たる扇の舞う情景をとらえる。

↑

支持技能②

○新出漢字の読みができ、前書き、口語訳、対訳の部分を正しく読む。
○難語句の意味をとらえる。
○小説の三要素と文章構成をとらえ、前書き、および一～五段落のあらすじをまとめる。
○登場人物の言動の描写に注意して感想や疑問を持つ。
○学習課題を読み解き、主題に迫る態度を持つ。

古文の言葉遣いを理解し、声を出して古文を読む楽しさを味わう。

↑

○古語の味わいを生かして朗読・暗誦・群読ができる。
○古語と現代語の語感や意味用法の違いがわかる。

↑

○歴史的仮名遣いを理解し現代仮名遣いで読める。
○助詞の省略や主語の省略等古文の特徴を知り、「けり・ぬ・たり・り」等助動詞の用法がわかる。
○擬声語、対句等古語の修辞法の効果がわかる。
○群読台本をもとに群読する方法を知る。

古典への親しみを持つ。

↑

○射切る前後の情景を絵や短歌で再表現できる。

↑

○感動した対象を短歌で詠いあげる方法がわかる。

3　学習指導計画

(1)　評価をふまえた学習指導計画例（全一〇時間）

時	学習活動	つまずきの予想	援助の方法	評価の方法	評価基準
2	○解説部と口語文を読み、物語の背景と概要を知る。 —作業ノートでの自学及び共同学習—	○新出漢字や人物名の読み。 ○「屋島の合戦」に至る迄の背景 ○難語句 ○会話文の主語の省略	○作業ノートの準備（背景・漢字・難語句・構成とあらすじ）	○作業ノート確認 ○音読による確認	○「扇の的」に至るまでのいきさつの大体を理解できたか。 ○戦の中にあってなお雅の心を失わぬ平家の貴族的な武人の姿をとらえられたか。
	学習課題 戦の最中に平家はなぜ扇を出したのか				
3	○一文ずつリレー読みしながら、古文の読み方・区切り方を知り音読する。 ○斉読を通して文語文のリズムに読み慣れる。 ○班分担による群読をする。	○古典仮名遣いの読み ○古典の区切り方と熟語の読み ○台本の作り方、分担	○一文ずつのリレー読み ○範読、斉読の繰り返し ○班毎に群読	○指名読・班の斉読による確認 ○群読練習の班机間	○古文を正しく豊かに読めるかどうか。 ○群読の仕方が分かり、群読練習を意

	3
○傍註を手がかりに「〇〇訳平家物語」をまとめる。	○古文を含めた全文をあらまし把握した段階で、登場人物や表現についての感想を持ち、読み深めたい内容を確認、交流する。 学習課題 なぜ与一が扇の的を射ることを引き受けねばならなかったのか なぜ与一は矢を射るのに切腹まで考えるのか
の仕方、声の出し方合わせ方	○前段階をふまえなければ、古典の一次感想は持ちにくいであろう。
台本を配付 ○作業ノートへの記入	○作業ノートへの記入 ○学習課題プリント作成（作業ノートとは別に） ○学習課題プリント ○ＯＨＰシートによる映像の交流
指導 ○作業ノート確認	○作業ノート確認 ○発表による確認 ○学習課題プリント確認 ○ＯＨＰシート確認
欲的に行っているかどうか。 ○主語や助詞を補い正しく口語訳できているかどうか。	○言葉遣いの違いで主語を見分けられるかどうか。 ○与一が義経の命令に従った理由を「君名辞しがたく」「下知」「即刻」という言葉を

扇の的を射る時の与一の様子や射落とした時、射落とした後の情景はどのようなものだろうか

なぜ与一は舞をまった男を射殺したのだろうか

○扇を射切った前後の情景を絵、あるいは短歌で再表現する。

○短歌作品の交流

○短歌作品確認

押さえて説明できるかどうか。

○扇を射る与一の緊張は、精神的、物理的条件によるものであるととらえられたかどうか。

○射切った前後をイメージ化できたかどうか。

○戦の非情さをとらえられたかどうか。

2

○各クラス班単位による暗誦、群読発表を行い、相互評価を行う。

○発展読書として『平家物語』の他の作品を読む。（副本による集団読書）

（三）　学習指導の展開

1　学習指導案例

(1)　本時の目標（第三次　二時間目）

①　扇を射切ろうとする与一の心情を、背景となる要素を押さえて読み解き、味わわせる。
②　扇を射きる前後の情景を色彩語や擬声語を押さえて、絵と短歌と朗読・群読でイメージ化させる。

(2)　下位行動目標（評価の観点）

①　扇を射切ろうとする与一の条件の厳しさを、扇との距離、矢を射る足場、季節（北風＝向かい風）、時刻、その日の天候等、物理的な条件を押さえて説明することができる。
②　神仏に武運を祈る与一の悲壮な決意は、源平両軍の見守る晴れの舞台で、源氏の期待と名誉、また、与一自身の名誉という精神的な負担を負いつつ、見事に演じなければならないという厳しい状況のなかでなされているということを、「いづれもいづれも晴れならずといふことぞなき」の表現を押さえて確認することができる。
③　与一の技を見守る源平両軍の表現が対句となり、リズムのある表現となっていることを押さえて確認できる。
④　与一の放った矢が的に当たった状況を、「扇の要ぎは一寸ばかりおいてひいふつとぞ……」という視覚・聴覚表現を押さえて、イメージ化することができる。
⑤　扇の色を「紅地に金の日の丸」「みな紅の扇の日出だしたる」の両表現を押さえてイメージ化できる。
⑥　扇を射切ったあとの情景を、色彩語を押さえてイメージ化できる。

⑦ 射切られた扇が落日に輝く波上に漂う状況を見た両軍の反応の違いを、「感じたり」「どよめきけり」の語感を押さえて説明することができる。

2 展開

時間	学習内容	生徒の活動	指導上の留意点
導入	1 原文の斉読 2 前時の学習内容を、担当班の群読を通して思い起こす。	・原文を一斉読する。 ・担当班（一・二班）は群読、他の班は発表を聞く。	・声量・リズムに留意させる。 ・義経に命じられた与一の心情と勇姿をイメージ化させる。
展開	3 神仏に武運を祈る与一の悲壮な決意と、その背景となる状況を読み解き読み味わう。 学習課題1 与一は矢を射るのになぜ切腹まで考えるのか 4 扇を射切る前後の情景を、色	これを射損ずるものならば弓切り折り自害して ・どんな状況のもとで与一は神仏に頼る気持ちになったのかプリントをもとに発表し、考える。 ・担当班（四・五班）は朗読・および群読をする。	・背景となる要素 義経の下知・見物せさせよ 晴れがましい情景、距離、天候 足場、時刻 ・押さえるべき言語事項 反復 対比 二重否定 ・与一の緊張感を音声で表現できているかどうか確認させる。

展開		
彩語や擬声語を押さえてイメージ化する。		・射切られた扇の情景 かなめぎは一寸ばかりをいて ……しばしは虚空にひらめき ……浮きぬ沈みぬ揺られければ ・色彩語 海（青）夕日（紅）波（白）扇 （赤・金）
学習課題2 扇の的を射る時の与一の様子や射落とした時、射落とした後の情景はどのようなものだろうか	夕日の輝いたるに皆紅の扇の日出したるが白波の上に漂ひ浮きぬ沈みぬ ・描いた絵をＯＨＰで映し、情景を確認する。 ・情景を短歌で表現したものを発表する。	・作業ワークより拾いあげた作品を示して、理解から表現につなげる面白さを体得させる。
5　担当班の群読を通してイメージを鮮明にする。	・担当班（三・六班）は朗読および群読をする。	・イメージ化したものに沿う音声表現であるか確認させる。
6　「平曲」の部分を聞き、語りの文学であることを知る。	・声喩の効果を考える。 「ひいふつと」「さつと」	・夢幻的な美しさを支える言葉を声喩の面からも押さえさせる。
7　「感じたり」「どよめきけり」の語感の違いから両軍の性格の	・「舟ばたをたたいて感じたり」 「えびらをたたいてどよめきけり」	・教室の中で再現させ、敵に勝利した関東武者の豪放な姿をイメージ

段階	学習活動	指導上の留意点	評価
	違いを考える。	を口語訳し、考える。	化させる。
	8 与一が自分の技に感じて舞った男を射殺したときの与一、平家方、源氏方の心情を考える。 学習課題3 なぜ与一は舞を舞った男を射殺したのだろうか	・なぜ与一は男を射たのか、表現を押さえて考える。 ・既出の教材「子馬」の文図と重ねて「あ、射たり」「情なし」の響き合う意味を考える。	・「ご定」……誰の命令であるか。 ・「しゃ頚」（そいつの首）に留意させ与一の心情を推測させる。 ・「濃い血の泡」と「ほほ笑み」に対するものは何か、考えさせる。
結末	9 本時の学習課題の定着	・家庭学習「その日の与一の日記を書く」	・評価…学習課題1・3を理解した日記の内容であるかどうか。

（四） 学習活動の状況および反応の実際

1 学習活動の状況

(1)　学習課題プリントの実際

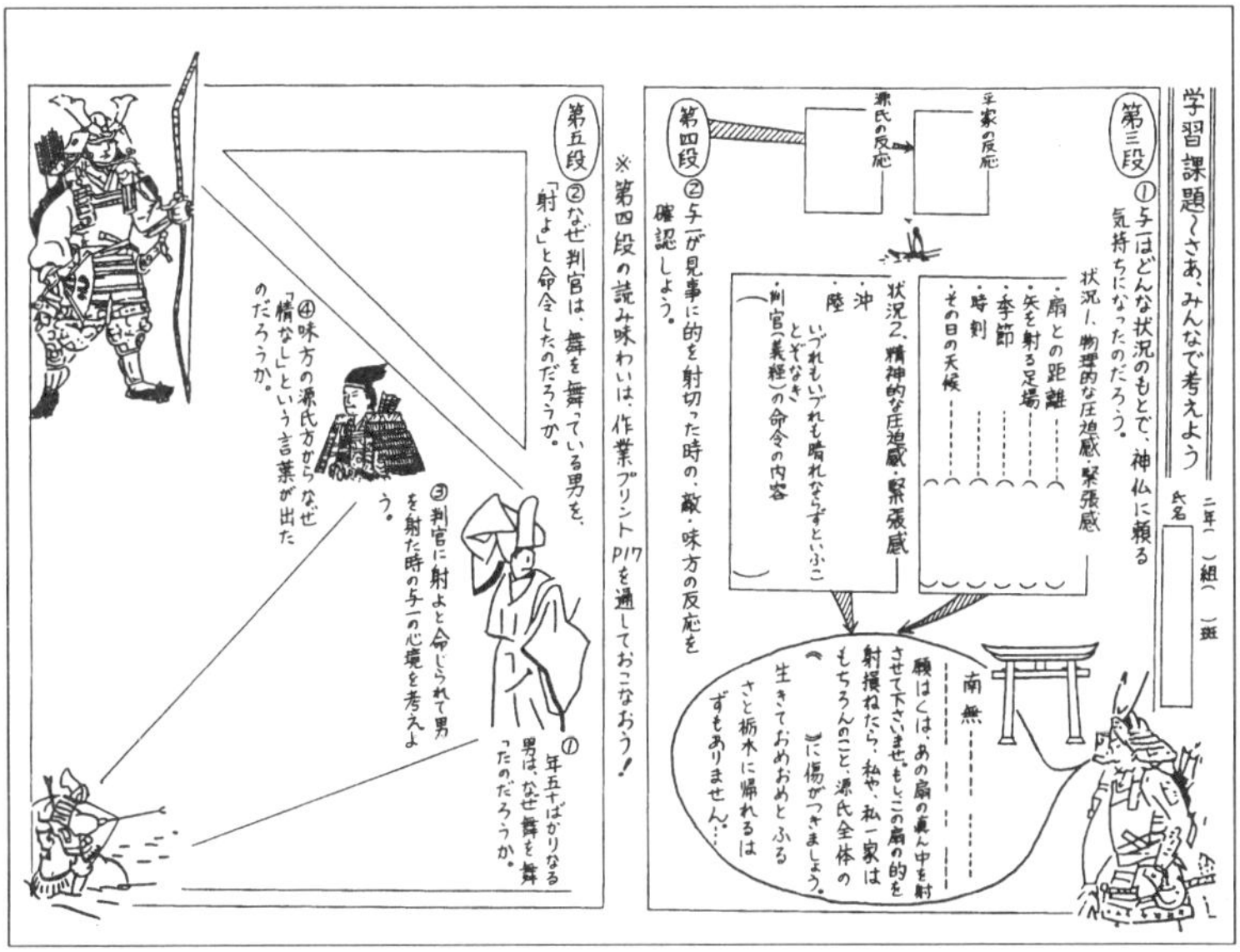

(2)　班朗読・班群読の台本

班朗読・班群読の台本

（　）組（　）班

全 矢ごろ少し遠かりければ、男1（　）海へ一反ばかり打ち入れたれども、全 なほ《オ》扇のあはひ《ワイ》全 七反ばかりはあるらんとこそ見えたりけれ。全 ころは二月《にんぐわつ》十八日の文全 酉《とり》の刻ばかりのことなるに、男全 をりふし北風《ほくふう》激しくて、全 磯《いそ》打つ波も高かりけり。男1（　）女1（　）船は揺り上げ揺りすゑ漂へば、全 扇もくしに定まらずひらめいたり。男全 沖には平家船をいちめんに並べて見物す。女全 陸《くが》には、全 源氏くつばみを並べてこれを見る。女全 いづれもいづれ男全 も、全 晴れならずといふことぞなき。

全 与一目をふさいで、女1（　）「南無八幡大菩薩《なむはちまんだいぼさつ》、男1（　）我が国の神明《しんめい》、女1（　）日光《にっくわう》の権現《ごんげん》、男1（　）宇都宮《うつのみや》、女1（　）那須の湯泉大明神《ゆぜんだいみやうじん》、全 願《ワ》はくは、あの扇の真ん中射させてたばせたまへ。文全 これを射損ずるものならば、男全 弓切り折り自害して、全 人に再び面を向かふべからず。全 いま一度本国へ迎へんとおぼしめさば、女全 この矢はづさせたまふな。」全 と、心の内に祈念して、目を見開いたれば、男全 風も少し吹き弱り、全 扇も射よげにぞなつたりける。

参考～朗読のための記号

口びるを動かしながら、次のような記号を入れて読みを完成させていこう。

(1) 間～　少し　く　やや　《　大きく　《《
(2) 転調～　※　（調子を変えるところ）
(3) 強調～　・・・　（文字の横に）
(4) 文末上げ　↗　下げ　↘
(5) ゆっくり　遠く　——線を引き、横に大書表現をする
(6) 高い声　低く声を押さえて　(5)と同じ
(7) その他書き込みがあれば——線を引いて横に書き込んでいく。

(3) 板書計画

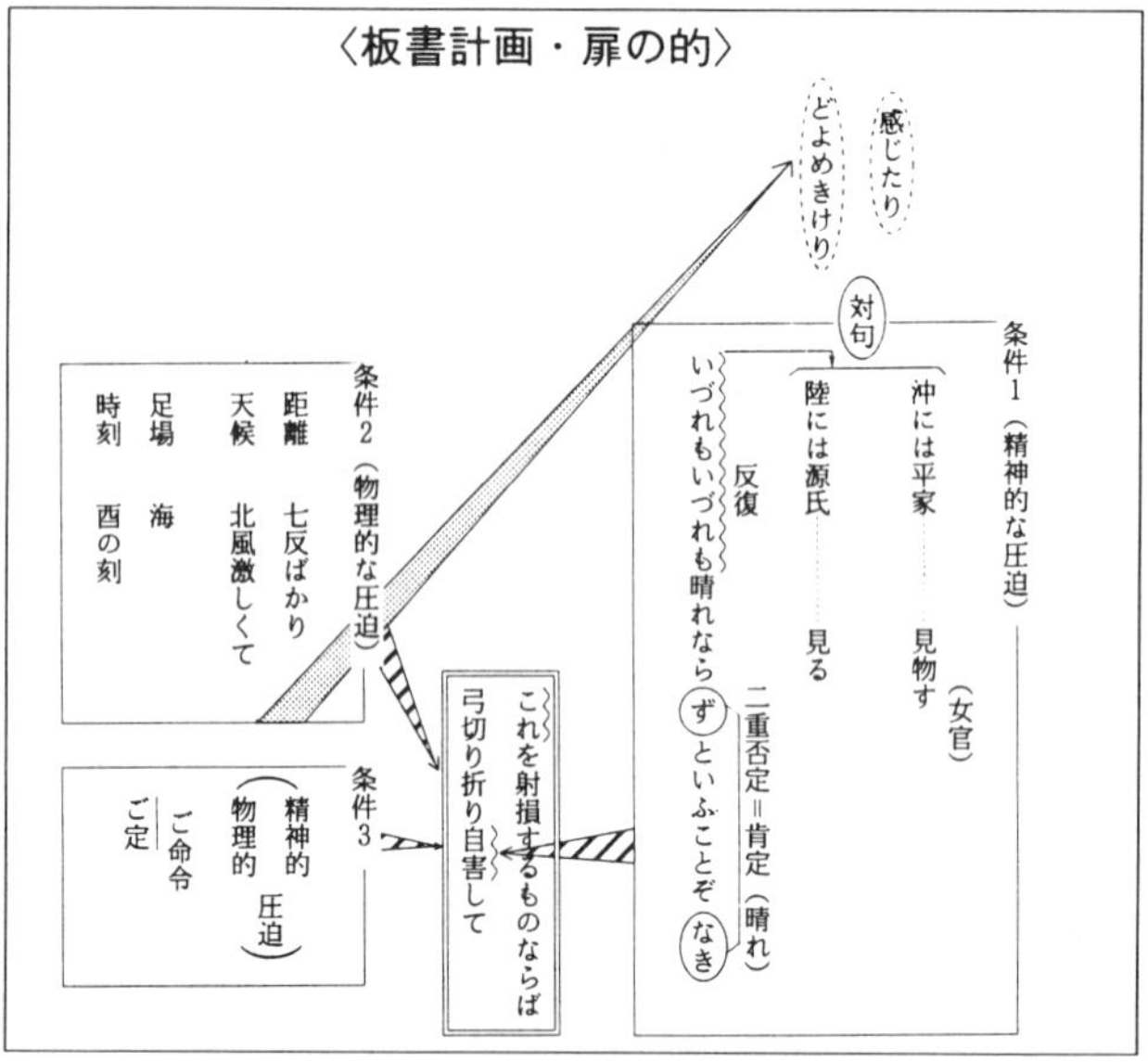

(4) 国語科群読評価票（各項目一〇点評価）

班	大きさ	ハーモニー	情感	気づきメモ
1　班				
2　班				
3　班				

群読の感想

2　反応の実際

(1)　射切る前後の情景を短歌で再表現する（評価Aの例）

① 扇飛びしばしは虚空ひらめいて
　夕日輝くみな紅に　男子生徒

② 海の上にひときわ目立つ扇あり
　夕日に染まりて紅色に　女子生徒

③ 冬の海冷たい波に扇の日
　浮きぬ沈みぬ波上に迷う　女子生徒

④ 静かなる夕日に輝く扇見て
　平家も源氏も歓声揚げる　女子生徒

⑤ 静けさや扇漂う海の上
　両軍ともにほめたたえるや　男子生徒

⑥ 源平の戦の後の海の上
　夕日に映える扇のひとひら　男子生徒

⑦ 「明日は晴れ」そう言いたげな太陽も
　海に沈んで戦い終わる　男子生徒

(2)　その日の与一の日記から

今日こそ平家に一発かましたしと存ぜしが、敵方の扇をば射止め、かつ、年五十ばかりなる男の頚の骨をひいふつとぞ射切つたる。その感触今も忘れぬ。故国の神々にぞ礼をば申さん。（男子生徒）

今日もまた戦であった。我らの軍は初めは少数であったが我が主君のすばらしさにたくさんの敵の裏切り者がこちらにつき多数になった。夕方、私は判官の命令で扇と一人の男を射た。もちろん射られなかったら……と思い、自害の覚悟をしたのだが……。私のために舞った男は戦を遊びと思っているのではなかろうか。あの様子では平家方は皆、自分達は危ういとは気付いていないのだろうな。我らの天下ももうすぐだ。（女子生徒）

(3)「扇の的」の表現に触れて

古典はなんとなく難しいし、あまり好きになれないと思っていた私なのに「平家物語」を読み始めると止まらない。表現の仕方がとても強く印象に残ったからです。「平家の方には音もせず、源氏の方には…」などの対句表現を使ったり、「ひいふつとぞ」や「ひやうど」など音の表現をうまくあらわしたり、昔の「戦い」の時代でも、文学の点ではとてもすぐれていたんだなあと感心しました。いろいろな表現の中でも、「夕日の輝いたるにみな紅の扇の日出したるが白波の上に漂ひ浮きぬ沈みぬ揺られければ…」のところが一番心に残りました。

(五) 学習指導の評価と考察

1 学習指導の評価

本実践を計画するまでに二回、『平家物語』の学習指導の実践を行っている。その時点では、表現への指導にまで至らなかった。限られた時間の中で学習構成への切り換えが出来た背景には二点の指導法の支えと一つのこだわりがあった。一つは群読という指導法、もう一つは古典が一人読み出来るように開発された指導法である。二つとも大村はま先生が開発された指導法である（注）が、この指導法を使って鮮明にしたかったのは学習者自身に「扇の的」の華ともいうべき情景をイメージ化させ楽しんでもらいたいという思いであった。

私自身の唯一ともいえる豊かな記憶として、小学校三年生の時に担任して下さった老先生が、給食の時間に折々この『平家物語』を朗々と語り聞かせて下さったことが鮮明に残っていたからであった。テキストも何もない中、夕日を背景に扇が空に舞う情景が、先生の語りの中で既にイメージとして描けていて、今も忘れることのないものである。中学二年生ならばもっと主体的にできるはずである。その思いで、表現から入る「扇の的」を展開してみた。群読という声を合わせて表現する楽しさと、自分たちの力でほぼ大意をとらえられる理解の学習指導の展開の中で、一歩も二歩も前に歩んだ要求や活動が可能となったのである。

2　考察

(1)　作業ノートの準備

一般的に古典の学習指導の場合、小説と違って一次感想の記入指導ができない。通読をして、大意をとらえることができないからである。したがって、学習者が読み深めたいことや疑問点からの学習指導を起こすことが難しく、受け身の展開になりがちであったが、作業ノートの準備の中で、音声→書くこと→読むこと→音声、読むこと→書くこと→音声→読むことという循環型学習が可能となった。

例えば自分で描いた情景画を背景に短歌で再表現するという活動は、一つは理解学習での一人読みの欠落を確認するというフィードバックの機能を持つこととなり、もう一つは中学生はここまでやれるんだという可能性を示唆してくれるものとなった。扇が空に舞う情景画がワークシートに描かれていた時、扇が開いている絵、扇が閉じている絵、かぶら矢が扇のど真ん中を射抜いている絵と少し離れている絵、また、扇の日輪の真ん中を射抜いている絵とさまざまである。また、真っ赤な扇に金色の日輪を描くのか、金色の扇に真っ赤な日輪なのかも検討の対象となる。さらに扇の舞う背景の空の色や漂う海の色の描き方一つをとっても、学習者の個性的な豊かな表現に加えて読みの欠落がよく見え、共同学習で何をこそ押さえ、何をこそ評価しなければならないのかがよく分かった。結果的に、学習指導が活動的になり、立体的になり、活性化されていったのである。

課題としては、作業プリントが学習者の負担にならないように配慮しなければならないということである。あれもこれもと盛りすぎると、音声から入り音声に帰るという本来の学習指導の意図が別の形になりかねないと感じた。

(2) 群読と学習者の意欲

・「一人で読むのもいいが、みんなで分担して読むのもおもしろいなあ。男子は男子なりに力強さが感じられる声なので、ふん意気がでてきた。」

・「どれくらい覚えているかがよく分かった。どこの班もよかったけれどいつもはできていても本番では、あがってしまうので、何回も何回も練習しないといけないと思った。一人で読むよりも、群読した方が感じがでるのでいいと思う。」

『平家物語』の本来の姿に立ち返ったことで、表現から理解へ、そして理解がより豊かな表現へとつながるということを認識した。何よりも以前と比較にならない程学習者が声を出し、声を合わせるという活動を楽しんでいた。その結果、暗誦しなさいという言葉がなくてもほぼ暗誦できるようになっていた。言葉の学習指導の方法という点からも教えられた。

(3) 群読と相互評価

一人の学習者の評価票の「気づきメモ」から他の五つの班への評価の実例を紹介する。

・「1班」へ「もう少ししっかりと覚えた方がいいと思う。」(六・七・五)・「2班へ」「男子の声が小さかったけど、よく覚えていてよかった。」・「3班へ」「〇〇さんの声がよく聞こえた」「5班へ」「〇〇くんの声がよく聞こえてきた。」・「6班へ」「声が大きくてよかったけど少し覚え足りない所もあった。」・「7班へ」「教科書がなくても言えるようにしたらいいと思う。」

群読というわかりやすい活動によって、評価が本来の評価の役割を果たすものであると気づいた。班単位の相互評価を行ったが評価の場自体が発表の場であり、声量、ハーモニー等一目瞭然の評価項目に記入しつつ、工夫している点やきづきなどを即交流することで、次への学習目標の確認や意欲づけが行えると感じた。

(4) 短歌による再表現の学習

これは全員に強要すべきものではないととらえるが、学習者の琴線に触れ得た時、こういう形ですくい取ることができるものであると、初めて認識した。短歌学習を一学期に終えているという系統面とも関連するが、韻文の鑑賞を韻文で行い、それを相互に鑑賞するというのは中学生ならばこその学習である。韻文から韻文への再表現という作文指導の開発の可能性をつかむことができた。

（注）『大村はま国語教室③古典に親しませる学習指導』（一九八三〔昭和五八〕年三月　筑摩書房）を参考にして作成させて戴いた。

付　記

・本節は、「理解」領域の評価と授業改善「扇の的」（『中学校国語科の評価・授業改善と通信簿』北川茂治・花田修一　明治図書　一九九四〔平成六〕・五）としてまとめたものに加筆修正を加えたものを転載させて戴いた。
なお、この学習指導は昭和六一年度西宮市国語科研究会基礎学力を定着させる授業づくり―平家物語―「扇の的」（光村）（兵庫県・西宮市立山口中学校一九八六〔昭和六一〕・一一）の公開授業がそのもととなっている。

三田市に転勤して同じ題材で二度研究授業を重ね、検討を加えたが、扇の的の採録の仕方が光村と東書では違いがあり、この学習指導の発想の根本となった最初のものを選んで掲載した。
・この学習指導の折に全体講演の講師として来校下さった野地潤家先生に「浮きぬ沈みぬ揺られければ」の「ぬ」の押さえによって、扇の漂うイメージが鮮明となる旨の示唆を戴き、古典の一語の重みに気づくきっかけともなった実践であった。

三　「万葉集」の学習指導

――地域単元の学習資料群をもとに自分だけの再表現作品を作る学習――

（一）　自主編成の意図

1　教材の概観

言語感覚を養うことは、国語科の果たすべき役割の一つである。この具現化の一つの手立てとして、韻律に着眼し、古典及び韻文の理解や表現指導を軸に据えて実践を試みてきた。三年生で取りあげる『万葉集』は、言語表現の視点でとらえたとき、十ほどの言葉以外はすべて大和言葉で表現されていて、「美しい日本語をたたえた海」とも形容することができ、言語感覚を養う仕上げとして申し分のない学習材である。また、その言葉の奥には、自然と共に生き・祈り・愛し・あらがい、また別れや死を悲しんだ上代人の心が織り込まれ、現代に生きる私たちの心の源流であることにも気づかせてくれるものと考える。

2　教材としての可能性――古典単元から表現への可能性

次の(1)~(4)の指導法を取り入れることで、この文化価値の高い古典を生徒に主体的に学ばせることが可能であると考える。具体的には「読み」・「書き」・「聞く」・「話す」という総合単元学習の展開が可能であるととらえる。

(1)　地元に関連のある歌を掘り起こし、教科書教材に列ねて体系化し、地域単元学習として自主編成が可能である。

(2)　「(1)」に関連して、図書資料・視聴覚資料を活用し、調べ学習・発表学習を導入することが可能である。

（班レポートの制作）

(3)　万葉歌の韻律を生かし、朗読・暗誦・群読を取り入れた音声表現指導の導入が可能である。

(4)　「(2)」の歌意をとらえる過程で、情景や心情をイメージ化し、歌の背景をとらえる段階を踏むことになる。

それらの理解の過程は表現の立場で考えたとき、「何を」書くかという主題意識がすでに養われ、取材活動が行われたことになる。したがって、「どのように書くのか」という観点からの指導を行うだけですむ。古典とはいいながら理解から表現への関連指導が十分に可能であり、学習者の個性や興味・関心に応じて多様な形で文章表現に発展させることが可能となる。

3　教材編成の柱として立てた四つのテーマ

自主編成の柱に、「三田・有馬」という地域単元の特色を考えて次の四つのテーマを立てた。

(1)　歌枕としての有馬

(2)　有間皇子につながる人々と三田・有馬の里

(3)　万葉歌から類推される大化改新の頃の三田・有馬の里に住む人々の暮らし

(4)　自然を詠った万葉歌に映し出される美の伝統

4　教材の編成と教材化の工夫

自主編成という性格上、二七ページの「作業ワーク」を作成して学習情報を提供し、学習者が、自立した形で理解学習、および表現学習へと移行できるように準備した。なお、この「作業ワーク」の作成は、以前に同様の実践を試みた折に調べ学習に負担がかかり、限られた学習時間の中で表現学習にまで到達しにくいという反省を感じた。

そこで、練り直して作成したものである。
「三田・有馬の里と万葉歌」の目次の実際は、次のとおりである。

(二)　学習指導の研究

1　学習者の実態

(1)　学習者と教材

言語表現及び内容価値において優れた陶冶価値を持ち、古典中の古典ともいうべき『万葉集』であるが、風土と歴史の上に詠まれたものであるだけに、生徒にとっては成立事情が見えにくく、せっかくの学習材も指導者の解説を抜きにしては、豊かにイメージ化することが難しい側面を持っている。それゆえ、ともすれば受け身の授業へと導いてしまいがちであり、遠い国の遠い昔語りとなってしまうおそれがある。ここ三田市は、市制が敷かれる以前は、有馬温泉で知られる「有馬郡」に属し、教科書教材に載せられている「有間皇子」の命名に由来する地である。中大兄皇子により座をおろされた孝徳天皇が有馬温泉に御幸のさい、地元の豪族の娘と結ばれて誕生したのが有間皇子である。また、そのまま現存すれば法隆寺をしのぐ七堂伽藍を配した金心寺は、有間皇子と血のつながった弟が、その兄の霊を弔うために建てた寺と伝えられている。その弟とは、母が藤原鎌足の妻となったため、藤原鎌足の子どもという形となり、また、中大兄皇子と孝徳天皇との関係から六歳の時に遣唐使として渡り、戻ってきた時にはすでに実の兄有間皇子は亡くなっていたということである。

校区の周辺は、このように大化の改新において活躍した中大兄皇子・藤原鎌足、非業の死を遂げた有間皇子といった歴史上の人物と、直接・間接にかかわりあっている地である。

(2) 学習活動の可能性

有馬高校、三田小学校等身近な存在に、万葉歌が作られた時代の名残りを今もとどめていることを確認させる中で、古典と風土に興味を抱かせ、生涯にわたる心と言葉の養いの場づくりに生かしていくことが可能であると考える。

なお、本学習の下地として、転入生以外は、下記の三点をすでに学習済みである。

① 『平家物語—扇の的』における朗読・暗誦・群読学習（二年生二学期）

② 修学旅行の調べ学習（レポート作成及び壁新聞づくり）（三年生一学期）

③ 俳句・短歌の創作学習（三年生一学期）

2 学習指導目標

(1) 古典が心と言葉と風土において現代とつながりを持っていることを発見し、古典に関心を持つ。

(2) 叙情の表し方にどのような工夫がなされているか理解する。

(3) 朗読指導を通して言語感覚を養う。

(4) 古典の理解のための、調べ方・近づき方が分かる。

・図書資料を探って作者名や作品の読み方、万葉仮名を確認し、大意をとらえる。

・歌の成立事情や時代背景を確認し、歌に込められた想いをとらえられる。

・班レポートとして作成できる。

(5) 文章表現をすることにより、イメージ化する力と文章表現の技術を身につける。
・各自課題条件に沿って文章表現することができる（注1）。
・再表現された作品を聞き合うなかで、仲間の表現の良さを発見し学び合う。
(6) 「ふるさと三田」の地に親しみを持つ。

3　学習指導計画（九時間計画）

第一次　（一時間）
(1) 学習の手引き「三田・有馬の里と万葉歌」の目次と掲載されている万葉歌を見て課題を選び、学習計画を立てる。
(2) 五種類の表現の課題をもとに班内で各自選択する。
第二次　（二時間）図書資料を通して歌の解釈を行い、班レポートを完成する。
第三次　（二時間）分担した歌の再表現をする。
第四次　（三時間）発表学習を相互に行い学び合う。
第五次　（一時間）担当歌について補説を聞き、知識の整理をする。表現等について自己評価をする。

4　指導者が行った支援の内容

(1) 参考資料（作業ワーク）の作成（理解）
(2) 班レポートの課題設定と記入のための「学習の手引き」の準備（理解と表現）（略）
(3) 五点の班内表現課題の設定（表現）

三年 一組 四班 班レポート

班員名 ・ ・ ・ ・ ・ ・

選んだテーマ名（ ） ①歌枕としての有馬（有間）
②有間皇子につながる人々と三田・有馬の里
③万葉歌から類推される大化の改新の頃の三田・有馬の里に住む人々の暮らし
④当時の植物・自然観

選んだ歌を視写する（ふりがなや歌の読みの切れ目もいれる。）

磐代の浜松が枝を引き結びま幸くあらばまたかへり見む

1 第一時の読みで印象に残ったことや疑問点

・何かよくわかりません。（ ）
・全然意味がつかめません。（ ）
・とっても美しい感じがした。（ ）
・何だか悲しい感じがした。（ ）
・（ ）
・（ ）

2 語句の解釈

・「まさきく」の「ま」…名詞や形容詞について語調を整えたり強めたりする
・「まさきく」の「さきく」…さいわいに、無事に
・「還り見む」…その場所へ再びもどってみる
・
・
・

3 大意（現代語訳）

岩代の浜松（結松《むすびまつ》）に草木を結んで、無事であれば、またこの場所に戻りてこれるかな…。

4 背景について補説

・作者▼有間皇子▲
軽皇子（孝徳天皇）と阿倍小足媛の皇子として、舒明十二年（六四〇）奈良県市経（生駒市壱分町）に生まれた。この歌に託した祈りもむなしく皇子はわずか十九才で悲運の死をとげた。その生涯は後の世の人々にまで同情を集め、結松は能野街道の名所となるが、明治時代に火災で枯死し、また後も道路改修や災害などで今はもう見ることはできない。

5 語句を押さえて情景を書く

岩代の浜松に祈りを託して草木を結んだ。

6 作者の心情を想像して書く

浜松よ頼むぞ。オレの身を守ってくれ。また、この地に無事に戻ってこれますように…。

7 作者や作品に関連する歌一首とその大意

①取り上げた歌

家にあれば笥に盛る飯を草枕旅にしあれば椎の葉に盛る

②大意（現代語訳）

家にいたら器に飯を盛るけれど旅にでているので今は椎の葉に盛っている

8 作者と語る。
班内の選択課題（表現の課題）

ア 小説の一場面のように情景を再現する。（ ）
イ 詠われている情景や心情を押さえて鑑賞文を書くことができる。（ ）
ウ 詠われている情景や心情をできるだけ変えないようにして、散文か口語自由詩に置き換えられる。（ ）
エ 「本人談」として、和歌に表現されている情景や心情について解説文を書くことができる。（誰に対してどのような気持ちを表現したのか。）（ ）
オ 共通点の認められる歌を選び出して何が共通しているかを確認し、相手の作者へ手紙を書く。（ ）

ア　小説の一場面のように情景を再現する。
イ　詠われている情景や心情を押さえて鑑賞文を書くことができる。
ウ　詠われている情景や心情をできるだけ変えないようにして、散文か口語自由詩に置き換えられる。
エ　「本人談」として、和歌に表現されている情景や心情について解説文を書くことができる。（誰に対してどのような気持ちを表現したのか。）
オ　共通点の認められる歌を選び出して、何が共通しているかを確認し、相手の作者へ手紙を書く。

(4)　五点それぞれの課題条件設定と模範文を記載した「学習の手引き」づくり（表現）

(5)　質問者への対応（調べ学習及び文章表現創作過程において）

（三）　学習指導の展開

1　理解学習の実際

(1)　各班が選択したテーマと選択した万葉歌

①　歌枕としての有馬
該当班なし「しなが鳥猪名野を来れば有間山夕霧立ちぬ宿はなくて」（巻七一一四〇）他

②　有間皇子につながる人々と三田・有馬の里
三班「磐代の浜松が枝を引き結びま幸くあらばまたかへりみむ」（巻二一四一）
六班「家にあれば笥に盛る飯を草枕旅にしあれば椎の葉に盛る」（巻二一四二）
四班「紫草のにほへる妹を憎くあらば人妻ゆゑにわれ戀ひめやも」（巻一二一）

③　万葉歌から類推される大化改新の頃の三田・有馬の里に住む人々の暮らし
五班「世の中を憂しと恥しと思へども飛び立ちかねつ鳥にしあらねば」（巻五八九三）
一班「韓衣裾に取りつき泣く子らを置きてそ来ぬや母なしにして」（巻二〇四四〇一）
④　自然を詠った万葉歌に映し出される美の伝統
二班「春過ぎて夏きたるらし白たへの衣ほしたり天の香具山」（巻一二八）

(2)　**学習指導の実際――発表に至るまでの各班の学習目標**

理解学習

ア　図書資料を探り、作者名や作品の読み方・万葉仮名を確認し、大意をとらえることができる。

イ　その他の図書資料によって、歌の成立事情や時代背景を確認し、歌に込められた想いをとらえることができる。（班レポートとして作成することができる。）

2　表現学習の実際

(1)　班の読み取りをもとに、課題条件に沿って各自文章表現することができる。

(2)　担当した歌と『万葉集』巻頭の歌（巻〈一〉の1）を暗誦することができる。

(1)の例①　《ア　小説の一場面のように情景を再現する。》

・〈課題条件法として示したもの〉

ア　課題条件

1　目的　より深くより豊かに味わう。自分・相手

2　立場　客観的に（少し離れた距離で見ているとして）

3　相手　自分の班以外のクラスの人に

4　内容　語句を押さえて情景を豊かに書く。

A　①遠景に何が見える。（色・形・姿）

②近景に何が見える。（色・形・姿）

B　③人物の様子はどうか。

人物はどんな動作をしているか。

C　④耳に聞こえる音は

5　構成　三段構成を基本とする。

6　分量　三〇〇字～四〇〇字を基本とする。

7　表現　①書き出し……印象的に

②表現技法……擬人法・比喩表現のどらかを使えれば使う。

・〈材料メモ〉

イ　材料メモ（構成ABCの位置は変えても可）

構成

A

B

C

書き出し…印象的に

(1)の例②　《適用法（模倣法）として示した実例》

「道のべに清水流るる柳陰しばしとてこそ立ちどまりつれ」『新古今和歌集』西行法師（巻三・262）の歌をもとに「小説の一場面のように情景を再現する」として作成、完成された作品例を引用し、示した（注2）。

ウ　文例

真夏の午後である。野から山へ、山から野へと一筋にのびる白く乾いた街道に、黒く短い影を落として、独りの旅僧が行く。ぬぐってもぬぐっても吹き出る汗が、笠のひもをつたって落ちている。道端の草もぐったりとしてまだまだ夕方になりそうもないやがて、旅僧は街道わきの柳の木陰に吸い寄せられるように入っていった。重なりあった細い葉が太陽をさえぎり、清水が澄んだ音をたてて流れている。笠をとるのももどかしげに、乾ききったのどをうるおし汗をふいた僧は、ほっと一息ついて腰をおろした。

(1)の例③　《イ　詠われている情景や心情を押さえて鑑賞文を書くことができる。》

ア　課題条件

1　目的　より深くより豊かに味わう。自分・相手
2　立場　作品の中に入りこんで
3　相手　自分の班以外のクラスの人に
4　内容　背景となる状況、および情景や心情を押さえて書く

イ　材料メモ

（構成ＡＢＣの位置は変えない）

構成
Ａ
Ｂ

① 時代背景　② 人物のようす
③ 情景をイメージ化して書く
④ 心情を想像して書く
⑤ 中心となる語句について書く
5 構成　三段構成を基本とする
6 分量　四〇〇～五〇〇字程度を基本とする
7 表現　①書き出し…印象的に　②文体…統一する
③会話文か内言を一箇所以上使う

C
書き出し‥印象的に

（四）学習活動の状況および反応の実際

1 発表学習

(1) 本時のねらい（第四次二時間目）

① 態度的目標

A 発表班—聞き手にわかりやすく伝えようと工夫する。

B 聞き手—自分の担当した万葉歌以外を理解・鑑賞しようとする。

② 能力的目標

A 発表班

・〈Bオ〉文章を読んで主題を考えたり要旨をとらえたりして、それについて自分の考えをもつこと。
・〈Aオ〉内容にふさわしい説明や描写などを考え、適切な叙述の仕方を工夫して表現すること。
・〈Aキ〉文章の内容や特徴を生かして効果的に朗読すること。

B　聞き手

・〈Bア〉話や文章の展開に即して的確に内容をとらえ、目的や必要に応じて要約すること。
・〈Bイ〉話や文章に生かされているものの見方や考え方を理解し、自分の見方や考え方を深めること。
・〈Aキ〉文章の内容や特徴を生かして効果的に朗読すること。

③　内容的目標

A　担当班

・和歌に歌われている情景や心情についてまとめることができる。
・担当した歌を和歌の持つリズムを生かして暗誦することができる。
・巻(一)の1の歌を暗誦・群読することができる。

B　聞き手

・歌に込められた想いを理解し、感想を持つことができる。
・発表された歌を朗読することができる。
・巻(一)の1の歌を暗誦・群読することができる。

(2) **発表の仕方のために準備した手引きの実例**

時間	学習活動	流れ図	機器	備考
	・今日学習する歌と発表班の確認。 ・歌の朗読・暗誦する―読み方を確認する。	スタート 朗読		

	・言葉をイメージ化する前提条件について触れ説明する。	確認	
	①どんな折りに詠まれた歌か	発表	
	②どんな事情があったのか		
	③どんな気持ち（情景）が込められているか	補説	OHP
	④「③」の気持ち（情景）はどの言葉に込められているか、また表現技法はそれにどう効果をもたらしているか	発表	
	⑤文章表現したものを発表する	エンド	

(3) 学習指導の展開

時間	学習活動	指導上の留意点
〇 六 七	・音読する。——巻（一）の1の歌と各班の持ち歌 「籠もよ　み籠持ち　ふくしもよ……」 ・今日学習する歌と発表する班の確認をする。 ・六班の発表（三班の発表とからめて音読—発表し聞き合う） ・言葉をイメージ化していくための前提の発表 ①どんな折りに詠まれた歌か ②どんな事情があったのか ③どんな気持ちが込められていると考えたか	・古代の日本語のリズミカルな響きを体で感じとらせるように留意する。 ・声調・句のまとまり・強弱・間に気を付けさせる。 「家にあれば……」六班 「世の中を憂しと…」五班 ・捕らわれの身となって尋問を受けに行く皇子の痛切な想いが歌を通して理解できているかどうかを確認させる。

	④どの言葉を大事にして表現したのか ・鑑賞し表現したものを発表する。 ア小説の一場面のように情景を再現する イ詠われている情景や心情を押さえて鑑賞文を書く ウ詠われている情景や心情をできるだけ変えないようにして散文か口語自由詩に置き換える	・レポートが手元にあるので、ポイントのみ発表させる。 評価の観点 ・各ア〜エの表現のための手引きの課題条件一〜七に沿って表現できているかどうか
二五	エ「本人談」として、和歌に表現されている情景や心情について解説文を書く（誰に対してどのような気持ちを表現したのか） オ共通点の認められる歌を選び出して何が共通しているかを確認し、相手の作者へ手紙を書く	・伝わる声量で表現できているかどうか
三五	・五班の発表（六班の発表の手順・方法・視点と同じ形で発表し、聞き合う） ・指導者の補説を聞き考える。 ア万葉の秀歌の一つであるこの歌の作者有間皇子が三田・有馬と今なお深いえにしを持つことを知る	・一四〇〇年の歴史が確認されている三田の里人の暮らしの一断面が舒明天皇の歌と対比的にとらえられているかどうかを確認理解させる。
四五	イ上記以外の歌も三田・有馬の里と関連を持つことを知る ・朗読し、音声表現を楽しむ。 巻（一）の1の歌「籠もよ　み籠持ち　ふくしもよ……」	・スライドを使用して、理解を深めさせる。

(4) 本時の評価

班	
1 内容・テーマ・材料	1・2・3
2 叙述・用語・文の整い	1・2・3
3 伝わる声量	1・2・3
4 総合	1・2・3

2 反応の実際

以上のような学習活動によって生みだされた実例を示すと次のとおりである。

《ア　小説の一場面のように情景を再現する。》——「磐代の浜松が枝を……」の歌の例

光をもとめて

男子生徒

秋風が吹き、どんよりとくもったはだ寒い日である。

広大な浜から海が広がっている。その浜ぞいの細い街道の端に、無数の松の木が海をながめ

作品例アの材料メモの実際

構成（構成ＡＢＣの位置は変えない）

Ａ

広大な浜から海が広がっている。その浜ぞいの街道に松の木が無数に海をながめて立っている。

て立っている。有間皇子は、いくぶん悲しそうに、松の木の間から見える海をながめている。
有間皇子は、ほとんど絶望的な旅からの帰還を祈り、松の木の枝を引き結んだ。そして、今だかってない地獄の地へと馬のひずめの音をひびかせながらゆっくりゆっくりと近づいていった。そのそばからかすかに海の悲しそうな波の音が聞こえてくる。まるで、有間皇子のこころに同情するかのように……。

B

有間皇子はいくぶん悲しそうに松の木の間から見える海をながめている。有間皇子はほとんど絶望的な旅からの帰還を祈り松の枝を引き結んだ。

C

馬のひずめの音がきこえ、かすかに海の悲しそうな波の音がきこえてくる。まるで有間皇子に同情するかのように……。

書き出し…印象的に

秋風が吹きどんよりと曇ったはださむい日である。

《イ　詠われている情景や心情を押さえて鑑賞文を書く。》

有間皇子とその生涯　　　　　　　　　　男子生徒

この歌を詠んだ時の有間皇子は、精神的にどん底の状態だったに違いない。父の仇を討たん、と何年も機会を窺い、やっと計画を実行に移そうとする寸前に仲間に裏切られたのだ。長い間、仇を討とうと唇を噛み、堪え忍んでやっとという時に信頼していた仲間に裏切られ、どんなに絶望したことだろう。くやしかっただろう。そして有間皇子は捕らえられた。

護送される道中でこの歌は詠まれた。その後、彼を裁くのは、暗殺計画の相手、中大兄皇子である。普通なら助からぬと諦めるだろう。しかし彼は生きようとした。そしてこの歌を詠んだのだろう。再び生きて帰らんと。しかし、その願いも空しく、死刑の判決とともに、彼は一九年の短い生涯に幕をとじることになる。あまりに悲しい生き方だった。彼にも夢がたくさんあったのだろうに。

歴史の裏側にも多くの人間がいきていたのだということを知った。

《ウ　詠われている情景や心情をできるだけ変えないようにして、散文か口語自由詩に置き換える。》

松に祈る　　　　女子生徒

天皇のいない留守中に
私は赤兄にだまされた。

その夜に、私は捕らえられ
望みの少ない残りの日々を
どんな思いで過ごそうか。

海の静かな磐代の
静かな浜でただ一人。
あの日の夜を顧みる。
私の心の奥までも
絶望感で満ちあふれ
死への思いが募りゆく。

かって幾人もの人が
自ら旅の安全を
祈ったこの松の枝。
私はこの松の枝に
この旅からの生還を
ただひたすら祈るだけ。
ただひたすら祈るだけ。

《エ　「本人談」として、和歌に表現されている情景や心情について解説文を書く。》

有間皇子とその生涯　　男子生徒

この歌を詠んだ時の有間皇子は、精神的にどん底の状態だったに違いない。父の仇を討たん、と何年も機会を窺い、やっと計画を実行に移そうとかる寸前に仲間に裏切られたのだ。長い間、仇を討とうと唇を噛み、堪え忍んでやっと、という時に信頼していた仲間に裏切られ、どんなに絶望したことだろう。くやしかっただろう。そして有間皇子は捕らえられた。

護送される道中でこの歌は詠まれた。その後、彼を裁くのは、暗殺計画の相手、中大兄皇子である。普通なら助からぬと諦めるだろう。しかし彼は生きようとした。そしてこの歌を詠んだのだろう。再び生きて帰らんと。しかし、その願いも空しく、死刑の判決とともに、彼は一九年の短い生涯に幕をとじることになる。あまりにも悲しい生き方だった。彼にも夢がたくさんあったのだろうに。

歴史の裏側にも多くの人間がいきていたのだということを知った。

《オ　共通点の認められる歌を選び出して、何が共通しているかを確認し、相手の作者へ手紙を書く。》

有馬の皇子様へ　　　　　　　　　　　男子生徒

拝啓　初めまして有馬の皇子様。あなたの歌を拝見させていただきました。

あなたの父（孝徳天皇）は、先の皇極天皇や皇太子中大兄皇子らに冷たい仕打ちを受けていましたねえ。そしてあなたは、クーデターの計画の時も仲間に裏切られて捕まってしまったのです。その時はとても辛かったでしょう。私だつたらとても耐えられません。

私は、あなたの歌を読んで、あなたが連れられていく時の悲しいような、虚しいような気持ちが伝わってきました。そして死刑と判決された時は、どうでしたか。裏切った仲間をとても恨んだでしょう。

あなたは、生きていて何も良いことが無かったと思っているかもしれないけれど、ぼくはあなたをとても尊敬しています。

敬具

（五）　学習指導の評価と考察

1　学習指導の評価

このように古典を題材にした表現指導のなかで、クラス全員に対して「個」に応じた指導を行ったのは初めてであったが、全員が、実例のような表現活動を行うことができた。文種に応じた表現の中に、歌にまつわる古代の人々の心に迫っているととらえられるものが多くあり、中学三年生の表現能力の可能性を示唆していると考える。

地域に根ざした万葉歌への関心と基礎的な眼、および、課題に応じて考えをまとめ、まとまりのある文章を書く力が開かれたと一応の評価をしてよいと思う。今回の指導を振り返った時、次の⑴～⑶が学習者の書く力へつながったのではないかと考える。

⑴　課題条件法を用い、「何を」「どのように書くのか」を明示したこと。

①　「ア　小説の一場面のように情景を再現する」の例の場合、課題条件として示した内容にほぼ沿って情景描写がなされているととらえることができる。具体的には「語句を押さえて情景を豊かに書く」の「A　①遠景に何が見える。（色・形・姿）、②近景に何が見える。（色・形・姿）」「B　③人物の様子はどうか。人物はどんな動作をしているか。」「C　④耳に聞こえる音は」という段落描写の視点と、それを「A・B・C」の各段落に位置付けたことで、「どこに」「何を」「どの順序で」「どのように」書けばいいのかがイメージしや

すかったのではないかと考える。

② 過去の指導実践の作品の場合、課題条件を示さずに指導を行った。そのため表現技術の指導ができていない。例えば「ウ」の範文として使用した作品例の場合、構成指導ができずに一連の詩で終わっている。書ける生徒の書く力によって生み出されたものであることを、今回との比較の中で強く自覚した。その意味で、短作文と課題条件法を使った短作文の違いを認識させられた。

(2) 適用法（模倣法）を意識し、それぞれの文種に応じた作文例を準備したこと。

今回の実践において適用法（模倣法）として、ア～オのそれぞれについて模範文を次の点数分準備をした。

「ア」、一点　「イ」、四点　「ウ」、詩三点　散文（歌物語）一点　「エ」、一点　「オ」、二点

これらの模範文が課題条件だけでは記述しにくい生徒に、「何を」「どのように」のイメージ化を助けたと考えられる。

(3) 「何を」書くかという題材に関する課題が、班による調べ学習という共学びをとおして軽減されたこと。また、題材に関連して、万葉歌を地域教材としてテーマ別に構造化し、知的好奇心を満足させられるようにしたこと。

さらに、態度面として次の三点も学習意欲を生み、持続した学習に導いたと考える。

(1) 自分たちが気に入った歌を選んだこと

(2) 発表の場があるということ

(3) 自分だけがこの歌を担当しているという思いがあったこと

2 考察

(1) 文種や作品に応じた課題条件の設定を行うこと

「ア〜オ」の文種別の表現課題のうち「オ　共通点の認められる歌を選び出して、何が共通しているかを確認し、相手の作者へ手紙を書く」を担当した学習者については、六割程度の生徒が「共通点の認められる歌」についてはふれずに手紙文として表現していた。

しかし、「東の野に……」の歌の場合、「与謝蕪村から柿本人麻呂への手紙」(国語クラス文集「三年一組作品集」三班の作品例)、「世の中を憂しと……」の場合は「山上憶良から舒明天皇へ」、「信濃路は……」の場合は男子生徒が東歌を重ねて「お手紙」として、夫の妻を思う心を書いていた。また、「萩の花尾花葛花……」の場合、「山上憶良から与謝野晶子へ」のように二年生で学習した短歌作品と重ね読みをしている作品もあった。これらの作品は、文学を重ね読みしつつ、それを文学の言葉で表現するという高度な課題であるが、それだけに広がりと奥行きを感じさせる作品が生まれる可能性を含んでいると感じた。

今回の実践で成立した作品を適用法(模倣法)として活用し、また、課題条件の設定の工夫如何によっては、この方面の書く力を今後一般化できるのではないかと考えている。

(2) 生徒の意欲に応える処理・評価を行うこと

発表学習を終えた後、文章表現による相互評価をすべきであったという反省が残っている。学習者の努力と意欲に応える評価と、それを同時に掲載した文集という温もりのある処理を行うことで、人間的交流と次への意欲づけが行われたのではないかと思う。発表学習の後、全てのクラスの作品を文集にしようと計画したが、進路指導という時期的な制約もあり、印刷迄にはおよばなかった。

現在、この反省のうえに立って、新たな実践においては課題条件の中に処理・評価を最初に示すように心掛け、

参考資料および作業ワーク

A 理解		一つの作品について班で集中的に学習し、学習の着眼点と解決の方法について知ることができる。 ΔO◎
	ア	最初の読みで印象に残ったことや疑問点をまとめることができる。(語句の意味や歌意・心情を理解)
	イ	班内での意見の違いを大切にし、意見を交流することができる。
	ウ	辞典や国語便覧等の参考図書、手持ちの図書資料を活用し、語句・解釈・背景等を確認できる。
	エ	調べたことをもとに大意をまとめ、作品の情景や心情を想像することができる。
B 表現		次のいずれか一つを選択して文章表現し、作品をより深く味わうことができる。(習熟度) ΔO◎
	ア	小説の一場面のように情景を再現する
	イ	詠われている情景や心情を押さえて、鑑賞文を書くことができる
	ウ	詠われている情景や心情をできるだけ変えないようにして、散文か口語自由詩に置き換えることができる
	エ	「本人談」として、和歌に表現されている情景や心情について解説文を書くことができる。
	オ	共通点の認められる歌を選びなおして、何が共通しているかを確認し、個々の作者へ手紙を書く。
C 表現		担当した歌、および万葉集巻一の一の歌「籠もよ み籠持ち」の歌を暗誦し、工夫して音声表現できる ◎O△
D 総合		ふるさと三田につながる万葉歌に触れて、万葉の時代の人々の生活・自然観、心情を理解、鑑賞することができる。 ◎O△

古人の心をのぞいて
三田・有馬の里と万葉歌について
参考資料および作業ワーク

テーマ
・歌枕としての有馬
・有間皇子につながる人々と三田・有馬の里
・万葉歌から類推できる大化以前・前の三田・有馬の里に住む人々の暮らし
・自然を詠んだ万葉歌に残しおかれた人々の伝説

三年　組　番　氏名

王権の争いに散った命 〜有間皇子

有間皇子 自ら傷みて松が枝を結ぶ歌二首

磐代の浜松が枝を引き結び真幸くあらばまた還り見む (巻二 一四一)

家にあれば笥に盛る飯を草枕旅にしあれば椎の葉に盛る (巻二 一四二)

(資料名)
日本の古典文学2 万葉集(岡部政裕・さえら書房) S52
万葉集(木俣修・ポプラ社) S56

担当　班

有間皇子につながる人々

中大兄皇子

中大兄皇子(後の天智天皇)と三田をとりもつ縁は、やはり有馬温泉です。有馬温泉から有馬川沿いに北に登ると三田盆地に到着します。車で約二十五分前後ですから、中臣鎌足と共に馬の遠乗りする場所としてちょうどよかったでしょう。「刀姫」と美宇和王が生きていたら、…

美宇和王と大日堂
中大兄皇子が中臣鎌足と鳥羽の黒川猪甲戸の家に逗留された。猪甲戸の娘刀姫は皇子の子を身ごもったが、皇子は都へ帰られることとなり、生まれる子へと短刀を置いていかれた。やがて生まれた男子は「美宇和王」と名付けられた。刀姫は産後すぐに、翌年美宇和王もつづいて亡くなった。それから四百年後、花山法皇がこの話を聞き、自ら大日如来を彫り、ねんごろにふたりの菩提を弔われたという。

(市指定文化財)

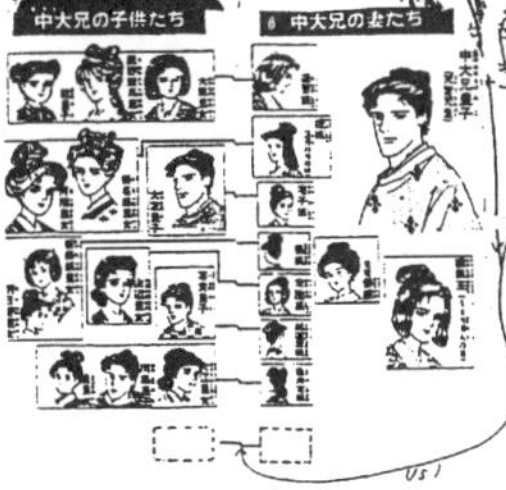

相互評価および処理としての文集作成（一枚文集・学級単位の文集）を試みている。

また、次の学習者を育てるために、文集等を適用法（模倣法）として「評価法」と組み合わせて活用することが大切であることにも気づいた。

（注1）「体系をふまえ見通しをもった指導を」（巳野欣一「月刊国語教育」誌　一六〇号　日本国語教育学会一九八五〔昭和六〇〕年九月号）一六ページ
（注2）「古典和歌への関心を高めるグループ学習の試み」（飛田多喜雄監修　巳野欣一編『新学習指導要領　中学校　国語科のキーワード5　楽しく学べる古文・漢文の指導』）八尋薫子　明治図書　一九八九〔平成元〕年三月　五七ページ

参考文献

「万葉集『防人歌』の自主学習と発展学習の指導―教材の精選重点的指導と学力の発展充実を指向して―」「奈良教育大学教育学部附属中学校研究集録一〇集」巳野欣一　奈良教育大学教育学部附属中学校　一九八〇〔昭和五五〕年
『課題条件法による作文指導　中学校編』奈良国語教育実践研究会編　明治図書　一九九〇〔平成二〕年
「広く古典に親しませるために―郷土の古典教材を通して―」白鳳中学校教育研究紀要第八集抜刷　一九八三〔昭和五八〕年

付　記

本節は『中学校国語科教育実践講座』第12巻「意欲的に取り組む選択教科の学習指導」（中学校国語科教育実践講座刊行会　ニチブン　一九九七〔平成九〕年　一七五～一八四ページ）に加筆修正をし、転載させて戴いたものである。

第Ⅳ章　理解と表現の一体化をめざした学習指導——韻文

一　俳句の学習指導（一）

——学習者の読みを起点とした理解学習——

（一）　はじめに——俳句学習指導の五点の柱

理解と表現への一体化をめざした学習指導は、韻文の学習指導が出発点であった。現在、次の五点を柱とし、状況に応じて全部あるいは一部を学習構成するに至っている。

1　表現学習につながることを明示した学習指導の構成
2　学習者の内面との接点を持ち得る作品に出会わせる。そのための学習材を自主編成して準備しておく。
3　一語で読み手の解釈が分かれる作品については、つまずきを起点とした学習展開を行う。
4　言葉と心の不即不離の関係に気づかせるために、「どこ」が「どういいのか」という視点で一作品をとり上げた鑑賞文の記入指導を行う。「受け止めた思い」や「伝えたい思い」を形にできるように、「何を」「どのように」書くのかについて、「書き方」の学習指導を行う。
5　学習者の作品をフィードバックして、次の実作段階への示唆と意欲づけとする。

なお、この章で「一　俳句の学習指導（一）、二　俳句の学習指導（二）」としているが、「（一）」が最も古い形での実践、「（二）」が最新の実践展開となっている。「（一）」は古い実践であるが、「国語教育実践理論の会」の当時のテーマ「教材研究」を受け、指導者の教材研究の方法、指導研究の基本的手順ということを学んだ実践であり、国語科の基礎・基本としての「読み方」としての意義が内包されていると考え、報告の形を取った。

「（二）」については、一つは理解したものの受け止めをどう交信するか、学習指導の柱の「4」についての指導法と、教育実習生を迎え、若い感性に触発されて構成された自主編成の姿ということで、「（一）」を補う形で簡単につけ加えることとした。

なお、この「俳句の学習指導（一）」において、「教材」という表現を使っているが、先にふれたように教材研究の方法の追究として入った実践であり、当時の認識をそのままあえて使った。

（二）　教材としての俳句の価値――一行構造のダイナミックな緊張体系

俳句を教えるということは、「一七音で作られていく一行構造のダイナミックな緊張体系そのものの醍醐味」に触れさせるということであり、レトリックのエッセンスに触れさせるということである。この一行構造の魅力をどのように学習者に理解させ、また、自己表出の方法の一つとして獲得させていけばよいのか、その視点からまず俳句の「言表（言語表現）的価値」の基礎研究を行った。私なりに理解し、図の形にしたのが「1」「2」である。それを組み込んで「教材としての俳句の価値」としてまとめたのが、「3」である。

1　緊張体系を生み出す構造

感　　　　動

言葉の感覚がすぐれていること

二句の配合・響き合い——新しいイメージ・感動

磁力	磁場	磁力
五音句 / 切れ字		十二音句
季題（季語）—過去の作品		新しい表現
・日本人の情感を豊かに表現する言葉		工夫・省略・削除
・イメージ喚起力を持つ言葉		・抑制・否定

※芭蕉

「しろさうし」

俳句の性格の所在

・詞にあり

・心にあり

・作意（構成）にあり

2　調べを生み出す構造——『日本語のリズム・四拍子文化論』別宮貞徳氏による

調べの美しい日本語〜四拍子のリズム・音色の美しさ〜

○は休符　俳句は八分音符八つずつの三小節からなるうた

（『日本語のリズム・四拍子文化論』別宮貞徳　講談社現代新書）

第一小節	第二小節	第三小節
●と	●ふ	●は
●に	●る	●る
●も	●る	●の
●で	●ば	●つ
●よ	●か	●き
○	●り	○
○	●に	○
○	○	○

to・ni mo・de yo・

fu・ru・ru・ba ka ri ni

ha ru・no・tu・ki

i音でめりはりをつけながらu、o音で響きを深めている

3 内容価値、言表価値、能力から洗い出した俳句の教材としての価値――理解および表現

	理解	表現
価値的な観点	1 季節の中に生きる作者の心や姿を見抜くことができる。 2 低位生や国語嫌いの生徒にも興味や関心を抱かせやすい。	1 季節の中に生きる自分の姿を見つめさせることができる。 2 感動を文字により表現できたという自信を全員に持たせやすい。
言表的な観点	1 形態　定型詩（五・七・五） 2 意味構造　二句一章、一句一章 季語を含む。（無季俳句以外） 3言語形式 ①文体　韻文 ②用語　古語を含むことが多い。 ③表記　歴史的仮名遣いを含む。 →美しい調べを持つ半面生徒に受入れられにくい面も持つ。 ④レトリック　省略、削除、抑制、否定 →一七文字という制約のために真正面からは切り込めず、技法が駆使される。したがって面白みと同時に抵抗となってあらわれやすい。	形態 構想 記述 定型詩であるため、模倣がしやすく、季語、切れ字一七音を踏まえれば一応の形として成立する。そこが幼児教育にも用いられるてんであろう。しかし、俳句の境地に致る作品を、ということになると、よほどの理解学習を経てからでなければ難しいと思われる。また、季節をうたいあげること→人事を詠むこと、と段階を経ることが、生徒の実態に即した指導展開と考える。

能力的な観点
理解に関する能力と態度 ・話し手や書き手のものの見方、考え方の特徴をとらえ、それが表現のうえにどのように生かされているかを考えること。(イ) ↓俳句は、書き手の感動をわずか十七文字に凝縮したものである。どのような視点でどのように表現しているか、ということに留意して読むことが、人の生きる姿や言葉への関心を育てることにつながる。 ・文字の特徴を生かすように朗読し、味わい方を深めること。(ク) ↓調べに注意して朗読することにより、味わいをさらに深めることができる。
表現に関する能力と態度 ・表現の目的や効果を考えて、語句の使い方を工夫すること。(オ) ↓思いを十七文字に込めるには、一番適切な語句は何か、どこに配置すれば一番効果的かと工夫することにより、語句の使い方を考える態度が身につく。 言語事項に関する知識、理解、態度 ・語彙を豊かにすること。(一年・オ) ↓季語を選ぶこと、適切な表現をさがす態度は、語彙の獲得につながっていくと考えられる。

(三)　教材の編成と教材化の工夫

1　反応の予想と方法化への見通し

(1)　理解

調べには心ひかれながらも、語句を押さえてイメージ化することには抵抗があると思われる。そこで、次のような方途を考えた。

ア　鑑賞文に頼らず、最初の句から生徒と共にイメージを広げ、自信を持たせる。

イ　生徒が興味・関心を抱いた句を中心に教材を精選し、ゆとりを持った指導を行う。

ウ　生徒の印象、課題意識を基にした授業展開を行う。

エ　イメージ化しやすいものは、生徒が作成した貼り絵を基にした指導展開を行う。

オ　語句の使い方を体得させるために実作を取り入れる。

(2) 表現――実作指導

理解学習で俳句が身近なもの、楽しいものと感じさせてこそ、実作へと生徒の気持ちを引き込めるものであろう。また、何を詠もうかと材料をさがせない生徒もいると思われる。さらに、いきなり人事を詠むことは難しいと思われる。そこで、次のような方途を考えた。

ア　理解学習に工夫を凝らし、楽しく学ばせる。

イ　季寄せに代わる手引きプリントを作成する。

ウ　段階を踏んだ継続指導を行う。叙景（理解学習直後）→人事（生徒と感動を共有できたとき）→折々の感動

エ　処理を大切にする。

　A　句会を開き、全生徒の作品を掲示

　B　作った作品は優劣をつけずプリントして配付→次作への意欲づけとする。

2　教材の編成――観点と編成

(1) 教材の選択の観点

ア　生徒の興味、関心を引くもの。イ　価値、言表、能力の三点から考えて「ア」でもれたもの。

ウ　理解・表現の参考になるもの

(2)　**教材の編成——導入教材**（一句）**↓中心教材**（四句）**↓補充教材**（多数）

	教材として選んだ俳句と作者	価値	言表	能力
導入教材	1　引っ張れる糸まっすぐや甲虫　（二クラス選択）　高野素十	・一瞬の緊張をとらえる眼	ひっぱれる　表記と意味 まっすぐや　意味	・情景を思い描く
	1　海に出て木枯帰るところなし　（一クラス選択）　山口誓子	・都会化された人間の哀愁	「木枯し」　意味 帰るところなし　擬人化	・情景、心情を思い描く・象徴性の把握
中心教材	2　あをあをと空を残して蝶分れ　大野林火	さわやかな美しさ	あをあを空を残しての意味・「分れ」と「別れ」の違い	・情景を思い描く
	[3]　雀らも海かけて飛べ吹き流し　石田波郷	小動物へ寄せる優しさ	雀らも・海かけて、吹き流しの意味・「飛べ」誰が誰に	・情景、心情を思い描く・象徴性の把握
	4　万緑の中や吾子の歯生え初むる　中村草田男	絵画的構成 子の成長を喜ぶ親の情	万緑、吾子の意味・中間切れ、初むるの古語表現	・情景、心情を思い描く
	[5]　冬蜂の死にどころなく歩きけり　村上鬼城	老残の身への哀憐	冬蜂の意味・「死にどころなく」の否定表現の使われ方	・情景、心情を思い描く・象徴性の把握

区分	教材			
補充教材（理解）	6 舞ひもつれ吹きもつれつつ蝶二つ　たけし 7 高千穂の空の紺青黄蝶舞ふ　鐵之助 その他	絵画的構成（動きあるものの描写）絵画的構成（一点の背景に広がる限りない澄みわたった空間）	描写の方法 紺青　舞ふ	・情景を思い描く（動きある物の描写） ・情景を思い描く（動きある物の背景の描写）
補充教材（表現）	8 秋空を二つに断てり椎大樹　虚子 9 雉の眸のかうかうとして売られけり　楸邨	絵画的構成（高さの描写） ・一つの孤独な生と向かい合う作者の姿	「二つに断てり」 何が何を断つのか 「かうかう」表記・意味 「売られけり」の意味と余情	・情景の切り取り方（視点の面白さ） ・描写の方法（対象の突き放し方）

（四）　学習指導の研究

1　学習指導目標

(1)　俳句の約束事について認識を深めるとともに、作品の表現を通じて作者の感動に迫らせる。

(2)　俳句の学び方を学ばせる。（一人学びの方法）

(3)　自ら俳句を作れるようにする。

板書

あを《お》あを《お》と空を残して蝶分れ　大野　林火

情感を豊かに伝える語　（春）季語

視線の移動

離す・区分する

が　（二匹）

（菜の花・野原　ひばりのさえずり　暖かい日ざし）

情景

もつれ合った二匹の蝶が高く青々とした空を作者に残してさっと左右に分かれた

2　学習指導計画（九時間扱い）

第一次　俳句鑑賞の方法を理解させる。　四時間
第二次　実作をする。（叙景を中心に）　二時間
第三次　句会・鑑賞　一時間
第四次　実作をする。（人事も含めて）　一時間（ゆとり）
※　同じ題材で旅便り、短歌、紀行文、百字表現をする。
第五次　発表・鑑賞　一時間

（五）　学習指導の展開

1　理解学習の実際――「あをあをと空を残して蝶分かれ」大野林火

（一九八四（昭和五九）年四月二五日対象三年A組三四名）

(1)　学習者の課題や理解度を引き出すためのワークシート（下欄）

(2)　疑問点

語句の意味で分かりにくい　?蝶分かれ　?空を残して

疑問点

・「空を残す」とはどういうことだろうか。・「蝶分かれ」の意味が分からない。
「空を残して蝶分かれ」の意味が分からない。・「あをあをと空を残して蝶分か

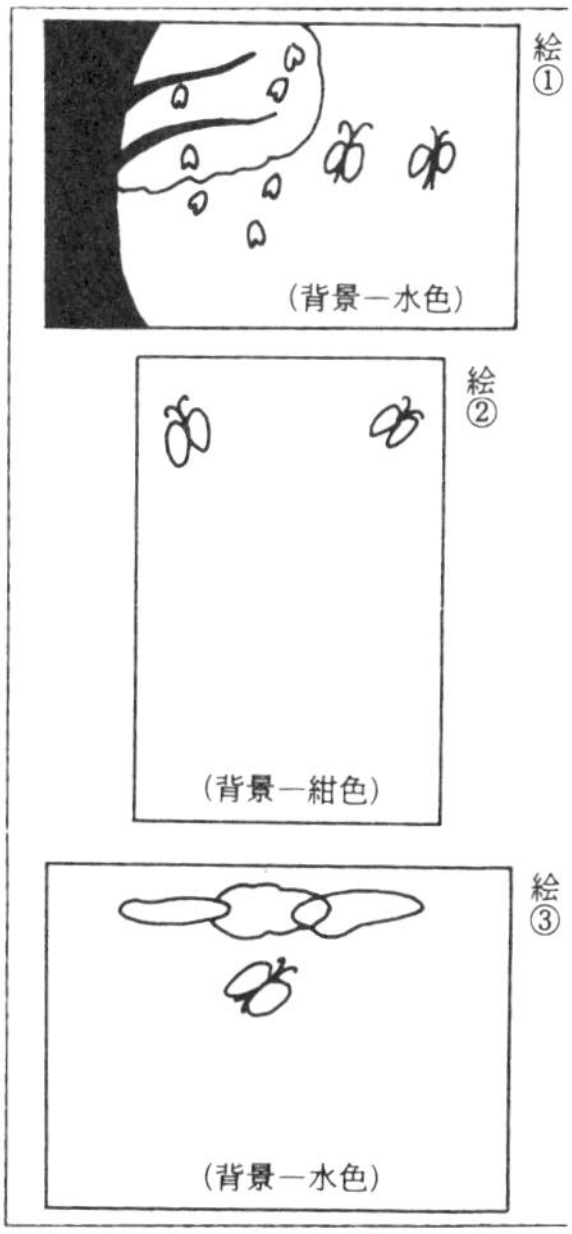

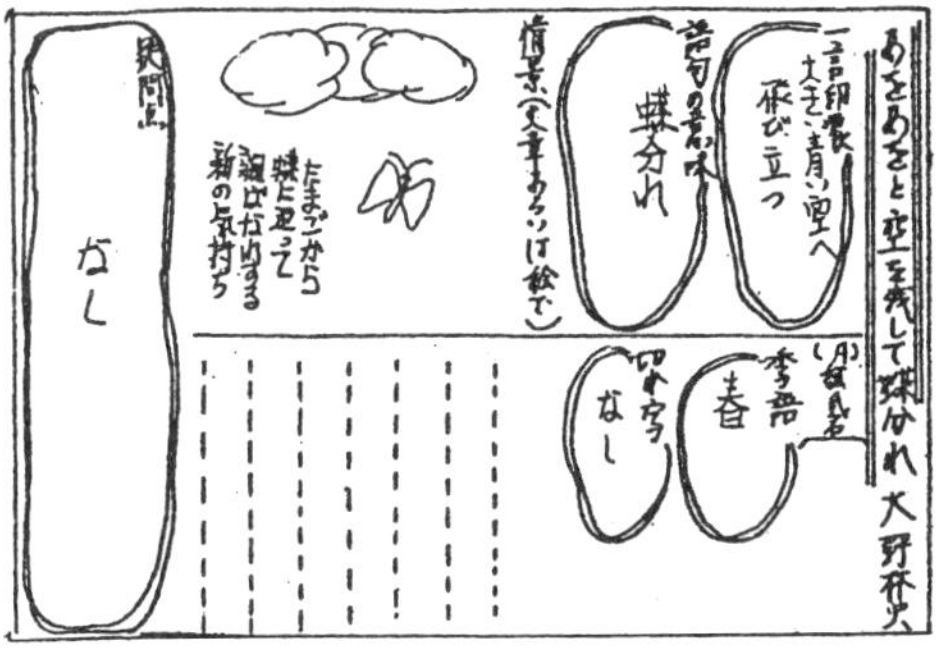

れ」が分からない。・「あをあをと」の文で、どうしてふつうの「お」にしないのか。

一言印象

・明るい・楽しそう・淋しい感じ・春の暖かい感じがする・きれいですがすがしい・春が来たみたいだ・明るさの中でさみしさがある。・大きく青い空へ飛び立つ・とてもさわやかな春を感じさせられた。・とても空が青いように思う。・美しいところがある。・広々としている。・広くあたたかい。・空をとびながらばらばらになる。

・蝶がさびしそう。・晴れている空が感じられる。・青い空がきれいそう・悲しそうに分かれるように感じた。

イメージ化のために設定した主発問――生徒の課題を基本においてゆっくり、丁寧にイメージ化をする。

主な発問

① 作者の立っている場所の状況をつかめますか。　田園風景―あをあを、空、蝶から

② まわりに何が見え、何が聞こえ、何が肌に触れるの。　菜の花、広い野原、緑の草、ひばりのさえずり
春の暖かい日ざし、あをあを、蝶から

③ そのとき、作者の目に映ったのは何だったの。　蝶

④ 蝶は何匹だろう。　二匹　蝶分れから

⑤ 蝶の色は何色だろう。　白、黄色　あをあをとの対比から

⑥ 蝶はどんな分かれ方をしたのか。　もつれ合った後さっと左右に

⑦ 分かれる前の蝶はどんなふうに飛んでいたの。　もつれながらひらひらと飛び上がっていった。

⑧ 残してとありますが、何が何を誰に残したの。　もつれあった二匹の蝶が
「青々とした空」を「作者」に残した。

⑨ 作者の視点はどう移動したの。　目の線よりもかなり高いところへ

2　表現学習の実際――発展学習としての実作指導

(1)　方法　三回に分ける、一回目　季節そのものを詠う。
二回目　人事をも詠ってみよう。
三回目　自由に自己表現する。

(2)　句数
七～十句、授業時に二時間、残りは家庭学習

(3)　指導の手立て
・季寄せに替わるプリントを配付し、心の中にしまいこんでいる季節に寄せる思いを引き出すきっかけを作る。
・目にみえたもの（遠、近）耳でとらえたこと、肌に触れるもの……を俳句に表現しよう。

(4)　処理
・抽象的、観念的なもの、調べのないものなどを省き、一人一点以上の作品を色上質紙に書き、句会を催す。（一回目だけ）
・投票後氏名を公表、選にもれた作品にも一言言い添える。
・プリントして配付。着眼点のよいもの、表現にくふうされているもの、中学生としての生活や感情がよく出ているものに、一言言い添える。

※季寄せに替わるプリント（一部抜粋）
一回目　新緑、こぶし、花ふぶき、白藤、こずえ残る、おぼろ月夜、花曇り、おいかわ、つばめ、（つばくらめ）、春告げる、土筆など。→一一七語彙中八五の語彙を使用している。
二回目　如己庵に、石畳、七万五千の、ころがれる、亡き骸に、この子残して、青梅雨の、紫陽花に、夏空に、夏雲よ　→八四語彙中七九の語彙を複数使用している。

（六）　学習活動の状況および反応の実際

1　学習者の感想

俳句を勉強して（他のジャンルと比較して）

俳句というたった一七音の中に言いたいことを入れてしまわなければいけないのは大変難しかった。紀行文、百時作文、旅だよりは、様子や思いなど、そのまま書けばよかったけれど、たった一語、それも五音とか七音という条件をふまえてはとてもつくりにくかった。しかし、その半面、言葉を選び抜いただけあり、その人の言いたいこと、かんがえていることがよく読み取れたと思う。

俳句と短歌はよく似ていたけれど、季語を入れるか入れないかによって、態度がかわってきた。春夏秋冬の季語一つ考え違えば作者のイメージと読者のイメージが一致しないその点がややこしかった。

今まで俳句など私の世界からかけはなれた世界のものであったけれど、いろんな機会に自分たちで作る、ことによって俳句の読み方や約束事など大変わかりやすくなってきた。言葉の組み合わせ方などいろいろ考えるのは大変だったが、他の紀行文や百時表現や旅だよりなどにくらべると自分なりにうまくいったと思える作品がたくさん出てきた。また、やりがいのあるもので初めて俳句を作り、今になって作った頃を思い出してみればしんどかったことがよい思い出になっている。

2　学習者の作品

初回（一九八四〔昭和五九〕年四月末～五月）――二回目（一九八四〔昭和五九〕年六月―長崎・阿蘇方面にて）

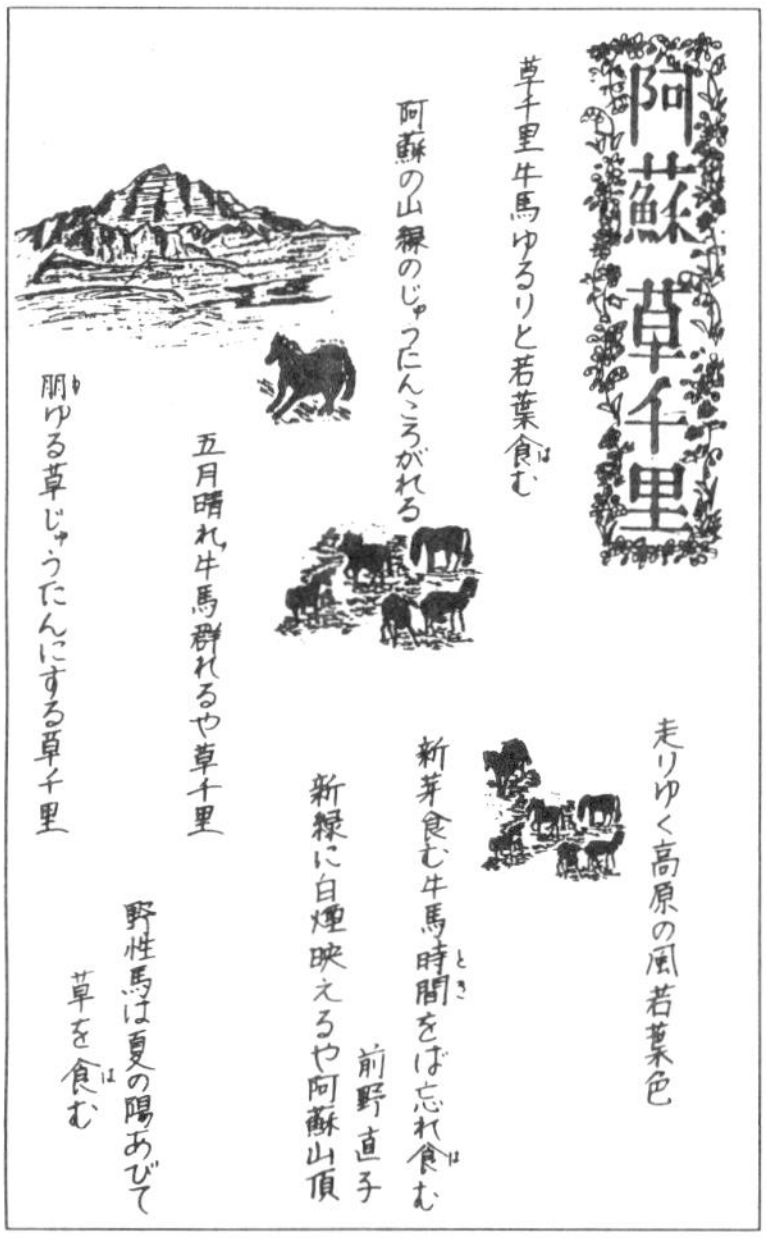
阿蘇草千里
草千里牛馬ゆるりと若葉食《は》む
阿蘇の山緑のじゅうたんころがれる
五月晴れ牛馬群れるや草千里
萌《も》ゆる草じゅうたんにする草千里
走りゆく高原の風若葉色
新芽食む牛馬時間《とき》をば忘れ食《は》む
新緑に白煙映えるや阿蘇山頂
前野直子
野性馬は夏の陽あびて
草を食《は》む

つくしんぼわれや吾れやと背のびする
残雪の中にや緑春告げる
菜の花のあふれる黄にみとれけり
土筆の子春はまだかと土押すや
雪解けの音鳴り止まぬ春の山
新芽吹く根には去年の枯れ葉あり
紫陽花に露光る日の衣替え
夏さそり空いっぱいにおおいばり
池のうきせみの鳴く中つんと引く
金の稲日なたに映えて輪唱す

【阿蘇・草千里】

草千里牛馬ゆるりと草を食む
阿蘇の山緑のじゅうたんころがれる
走りゆく高原の風若葉色
五月晴れ牛馬群れるや草千里
萌ゆる草じゅうたんにする草千里
新芽食む牛馬時間をば忘れ食む
新緑に白煙映えるや阿蘇山頂
雲高き空にそびえて阿蘇五岳

【国際会館】

雲の峰七万五千の息絶えて
切り石を見つめて思う原爆日
せみの声被曝せし日を思わせて
新芽食む牛馬時間をば忘れ食む
夏空にこの子残して息絶えて
被爆者の悲しみ思えば熱さ抜け
夏空に鳩群れて飛ぶ平和かな
祈念像悲劇の夏を語りけり

（七）　学習指導の評価と考察

1　学習指導の評価――理解指導の観点から

「絵から言葉に戻らせる」学習展開という指導法が、偶然であったが、学習者と共に創りあげることが出来た。「冒頭に述べたが、俳句を教えるということが、『一七音で作られていく一行構造のダイナミックな緊張体系そのものの醍醐味』に触れさせるということであるならば、「あをあと……」の歌は、この一行構造のダイナミックな緊張体系の理解にふさわしい一句ではなかったかと考える。学習者の課題を基本において、イメージ化のために準備した発問であったが、言葉からのイメージ化という点で、「場所・見えるもの・聞こえるもの・目に映ったもの・それは何匹・色は・どんな分かれ方・分かれる前の飛び方は・何が何を誰に残したのか・作者の視点の移動は」と、かなり他の理解指導に応用できる要素が含まれているととらえている。

2　考察

(1)　理解学習における指導法として次の二点を確認することができた。

①　つまずきからの導入指導を図る学習展開

②　五感からのイメージ化を図る学習展開

(2)　表現指導の観点から

こちらの用意した語句のプリントを見つつ指折って作品ができた、と喜んでいた生徒が、二回目の創作時には質的に変化していた。心のうちにある複雑な思いを詠みきれず短歌に逃げて思わぬところで俳句と短歌の違いを学んだ生徒もあった。一方、ただ一点象徴性をもった「雲の峰七万五千の息絶えて」が、自分たちの仲間から生み出されたのを見た時、共有財産としての喜びすら感じていた。言葉の本当の意味での面白さ、難しさを知るスタートに今立ったように思う。

① 今後の課題として、編成的研究の上にたった指導的研究が必要と思われる。教材のもつ力が生徒の学習活動に大きく影響することを今回の指導で感じた。

② 季寄せにかかわる語句のプリントを初回は一一七語彙中八五の語彙の使用があり、二回目は八四語彙中七九の語彙を複数使用し、創作のヒントとして役立つものであると実感した。

③ 初回の作品をカットを添えて全員分プリントで掲載して配付した。その処理が効を奏したのか、二回目の作品は、カットも含めて学級の代表数名ずつが手作り学年文集としてまとめあげ、製本のみ依頼した。転勤直後の飛び込みの三年生であったが、学習者の意欲を引き出すための処理の在りようということを学んだ。

参考文献

『現代俳句の教え方』今井文男　右文書院　一九七四（昭和四九）年四月
『俳句の基礎知識―技法と鑑賞』磯貝碧蹄館　雄山閣　一九八〇（昭和五五）年一一月
『俳句の作り方』石原八束　明治書院　一九七〇（昭和四五）年二月
『日本語のリズム・四拍子文化論』別宮貞徳　講談社現代新書　一九七七（昭和五二）年一〇月

付　記

本節は、第二四回KZR国語教育実践理論の会全国集会「教材研究『俳句』―指導的研究を中心に」（神奈川・元箱根一九八四（昭和五九）年八月）において発表したものをもとに加筆したものであり、一四四・一四五ページ板書は、『中学校新しい「言語事項」学習指導法の開発』（国語教育実践理論の会編　東京書籍　一九九二（平成四）年六月）一五〇ページに記述したものを転載させて戴いた。

二　俳句の学習指導（二）
――自主編成資料を起点とした導入学習――

（一）　ＴＴによる自主編成資料と学習指導の概要

「俳句の指導（一）」の今後の課題である編成的研究の上に立った指導的研究という観点で、簡単に次の実践例に触れておきたい。「（二）」については、前節の「はじめに」で述べた通り、教育実習生Ｙ・Ｍさんを迎え（一九九八〔平成一〇〕年五月）、学習資料の準備の段階と導入指導までＴ・Ｔという形で自主編成および、学習指導にあたることができた。自主編成および導入指導の一つの形として報告したい。なお、導入は文法学習のまとめの後半およそ二五分を使って、①　一〇句を教室前面に短冊で掲示。②　学習者と共に音読による読みの確認。③　気にいった俳句一句を「私の推薦句」として小プリントに記述した後、提出。④　次の時間までに推薦句ごとにプリントをまとめ、推薦者がどのような受け止めをしたのか、学習者研究を行う。後、学習後に渡せるように印刷し、次時に備えるという流れで行った。「1」は準備した俳句と価値的観点、「2」は学習者の反応である。

1　ＴＴで自主編成した一〇句と価値的観点

(1)　髪洗うたび流されていく純情　　内面の接点・日常の事実にきづかされる意外な真実　　対馬　康子
(2)　愛すと告ぐ大夕立の真只中　　内面の接点・倒置法の効果　　台　柚子
(3)　山又山山桜又山桜　　漢字表記・畳語の効果　　阿波野青畝

(4) チチポポと鼓打たうよ花月夜　擬声語の効果　松本たかし
(5) 生涯の友一人得て卒業す　内面の接点・対比の効果（生涯・一人）　浅野　右橘
(6) いろはにほへと山茶花散華日の散華　言葉遊びの楽しさ　青柳志解樹
(7) うさぎほどの温もり膝に毛糸編む　比喩の効果　西村　和子
(8) 春浅き麒麟の空の飛行雲　一点からの広がりのおおきさ　三好　達治
(9) 卒業試験欄をはみ出す必死の字　内面の接点・語と語の緊密性　島谷　征良
(10) 雲の峰七万五千の息絶えて　季語の象徴性　過去の生徒作品

2　私の推薦句（全員分より一部抜粋）

(1)　「髪洗うたび流されていく純情」

これは私もよく感じることだが大人になっていくにつれ、純情さや素直さが失われてきているようなきがする。親に怒られても「ごめんね。」が言えない自分、自分の気持ちを素直に相手に伝えたいのに伝えられない自分、「いつから私こんな風な人間になっちゃったんだろう。幼かった頃の素直さはどこに置いてきてしまったのだろう。」っと。そんな今の自分の心境がそのまま表現されているかのように感じる。

(2)　「山又山山桜又山桜」

たぶん作者はちがう意味で書いたと思うけど、僕は四月の山桜（ふつうの桜より色がうすい）を上空からながめている情景を思い浮かべた。山が緑とうすい桃色でうめられている風景を、ぜひ鳥にでもなった気分でながめてみたいものである。

(3)　「生涯の友一人得て卒業す」

見た瞬間、ああ青春よ……とふと感動してしまった。母も高校時代の友人がいるので、自分も大人になってもつきあえる友人が欲しいなと思っていた。だから『生涯の友』っていう出だしにすごく引かれた。学生時代にしかできないことを、学生時代にしかない青春を友とともに過ごした作者の思い出がうかんでくるようだ。

(4)　「うさぎほどの温もり膝に毛糸編む」

夜、しんしんと雪の降る中、一人の女性がマフラーを編んでいる。子どものためなのか恋人のためなのか、自分のためなのか分からないが、心を込めてひと目ひと目編んでいるような優しさが漂っている。「うさぎほど」という表現から、きっと半分ほどは完成したのだろう。こちらまで温かい気持ちにさせてくれる、そんな俳句である。

(5)　「卒業試験欄をはみ出す必死の字」

私は「はみ出す必死の字」というところにすごくひかれました。卒業試験は受けたことないけど、試験はいっぱいしたので、必死になったときの気持ちがよみがえってきて、「ああ、わたしといっしょだあ」と思ったからえらびました。

(二)　学習指導の評価と考察

1　学習指導の評価

中学三年生の心をとらえた三句は「生涯の友一人得て卒業す」「うさぎほどの温もり膝に毛糸編む」「卒業試験欄をはみ出す必死の字」であった。また、仲間の推薦句を聞いて楽しんだのは「愛すと告ぐ大夕立の真只中」で、「愛はいい。愛はすべてのむやむやな心を打ち消してくれる。愛はいい。心をなごませてくれる。」であった。

教育実習ということで、学習を展開するに当たって学習者研究、学習資料（教材）の研究という視点が学習指導の要となることを認識してほしいという願いで、あえて教科書掲載の作品からの導入を避けた。実習生が持つ個性とあいまって、柔らかな雰囲気の導入になり、参観にこられた該当の大学教官と本校国語科の担当から学習者と指導者の呼吸の良さについての評価があった。ふだんは一人での試行錯誤の日々となりがちであるが、私自身同じ学習者を前にした学習展開を、後方支援という形で行うことができ、改めて教室作りの基礎・基本が何であるかを思いおこすこととなった。

2　考察

短歌の指導においては俵万智氏の口語短歌が出版されて以来、導入学習においても発展学習においても学習者の表現という展開を見通した実践が容易になったと考えている。しかし、口語俳句の導入学習はこれが初めてであった。二一歳という学習者に近い実習生とのＴＴを通して、一四歳、一五歳の内面をとらえる俳句という新しい視点を私自身が見出し教えられるきっかけとなった。「うさぎほどの温もり膝に……」の俳句の推薦理由を読むと、「うさぎほどの温もり膝に」という言葉からのイメージ化が深くなされ、それを聞き合っているうちに豊かな思いが共有できていったととらえられる。学習者に自己表出の一方法を獲得させるという視点に立って学習過程を考えた時、言語抵抗なく俳句の醍醐味に直接触れやすい作品群とその鑑賞指導から導入するという展開が可能であると実感した。なお、この（二）の導入の指導法は、次の短歌、はがき歌と同様の手法となるため省略した。

付　記　本節は一九九九〔平成一一〕年五月の実践である。

三　短歌の学習指導
――一人ひとりの心を解き放たせる短歌の表現指導をめざして――

（一）　教材としての短歌の価値

1　短歌と言葉の力――「詩歌」の創作指導の価値

短歌に限らず、詩・俳句という韻文の創作指導をとおして、次の二点の陶冶価値を期待することができる。
(1)　言語感覚を磨き、生きた言葉の力を身に付けさせられる。
(2)　生徒自身の生活の中の感動に永久性と普遍性をもたせ、創造性に富む人間形成に資することができる。

思春期というトンネルをくぐりかけている中学生である。日々の営みの中に屈折した感情を抱きつつ、その内面世界や生活の実状は、もう以前のように赤裸々には語れなくなっている。このような中学生の感情の発露に形を与え交流させること、それは彼我の状況の中で自分を見つめさせ、大人への階段をスムースに歩ませることにつながると考える。その意味で、この年代にこそ、書き合い、読み合うという場の設定を持たせたいが、いわば生活作文的な形でこれに応えられる要素をもつのが韻文表現指導である。その短さゆえに省略・抑制・否定といった工夫がなされ、感情が昇華された形で表現されるからである。指導の方法によっては中学生に自己表現の手だてとしてなじみやすさを感じさせる。

とりわけ短歌の理解、表現指導は、中学生の心を解き放つ格好のジャンルであると考える。なぜならば、まず、理解指導において短文であるだけに多様な心模様に出会わせることができ、その調べの持つ魅力とあいまって一人ひとりの心の扉を開けさせやすいからである。そして開いた心に定型という形が簡潔な形で自己表現へといざなっていくようである。

ちなみに次の文章は、七年前に記述した「新しい短歌を読む～私が薦める、この一首」において私自身が記した短歌指導への思いの一部である（注1）。

木々の芽立ちの時のように、突如しなやかに、みずみずしく広がりだす恋への芽生え。中学二年生を八回程担任する機会を得て、その変容ぶりと、表面からは想像し難い柔らかな感性に、いつもいつも驚かされてばかりいる。短歌学習がほとんどの教科書で二年生に配当されているのを考えあわせた時、もっと学習者の内面との接点を持ち得る短歌作品に触れさせたいと思うし、とりわけ、優れた相聞歌に豊かに出会わせたいと考える。

今も同じ思いで現場に身をおいている。磨かれた表現を通して、「中学生の心のひだにしみいる」「中学生の心のひだを引きだす」短歌指導を行っていきたいと願っている。そのためには、心に響く短歌と出会わせること、書き合い、読み合う活動を中心に据えることを学習指導の要としたい。

理解にとどまらず、表現活動につなげてこそ、喜怒哀楽の感情を内に秘めて日々生活している中学生の心を解き放てるのであり、共に生きている仲間への共感もそこから生まれてくると考える。一人ひとりの活動を支えられるように指導上の工夫を凝らし、さりげなく心の扉を開かせたいと考える。

2　教材研究の視点――短歌学習指導の四点の柱

では、どのように学習指導を構成して表現意欲を引きだすのか。次の四点を実践の柱として考えた。

1　表現学習につながることを明示した学習指導を構成する。「青春探訪」の心の旅パート3として、心を表現する言葉と出会うために、短歌の学習に取り組むことを知らせ、学習者に見通しを持たせる。
2　学習者の内面との接点を持ち得る短歌作品に出会わせる。新聞掲載の同世代の作品や、俵万智の相聞歌を中心とした発展学習材を五〇首準備する。
3　受け止めた思いや伝えたい思いを形にできるように、「何を」「どのように」書くのかについて「学習の手引き」を準備し、一人ひとりの活動が保証できるようにする。
①　課題条件法を用いた鑑賞文記述指導の手引き作り（注2）（注3）
②　短歌創作指導の手引き作り（注4）
4　生徒の作品を必ずフィードバックし、交信活動を中心に据えた学習とする。

3　教材研究の実際――「短歌創作のための手引き」

(1)　短歌創作のための手引き

限られた時間の中で、多数で多様な生徒に援助の手を差しのべなければならない。「何を」「どのように」の壁にあたった学習者へのいざないのプリントの準備は、次のとおりである。

〔短歌創作のための手引き〕――「短歌創作へのいざない」

短歌創作へのいざない

何をどのように詠うのか

年　組　氏名

【一　「何を詠もうか」と迷っている人へ】

最近、心を揺さぶるような出来事はありませんでしたか。クラブの練習や試合・演奏会・発表会等の折に、心の中を駆け抜けていった熱い思いを、心の襞にしまいこんだままにしていませんか。また、心の陥没地帯を訴えることによって埋めていきたい、と感じたことはないでしょうか。あるいは自然のいのちの中で、あなたの心はどう動きましたか…。短歌は〝くらし〟の歌です。濃縮した〝くらし〟の吐息を、喜びを、切り取っていけばいいのです。感動は決して永続しません。自分が今生きている証しを書きとどめ、書き残していきましょう。

【二　「どのように詠おうか」と迷っている人へ】

言葉は、あなたの「心の貌」のかわりをします。三十一字というわずかの詩型の中で物語る端的なあなた自身の表現なのです。とすれば、あなたが心の状態や目的に応じてふさわしい髪型やシューズ・服装を選ぶのと同じ心遣いでていねいに選んでやればよいのです。もし、適切な言葉が見つからなければ、『表現類語事典』の力を借りてみましょう。

例　P256　育てる——養う・培う・育む・手塩にかける　P650　年月——歳月・星霜・春秋

　　P766　ひく——弾く・爪弾く・弾ずる・奏でる・奏する・演奏する・調べる

また、言葉と言葉をどのように置けばいいのかと迷っている人には、参考となる作品を準備しました。次頁の作業ノートを併用して創作に生かしていきましょう。

1情景の切り取りのうまさ　・ランドセル光あつめてはつらつと角を曲がりて走りゆく子よ　印南　正子
・ちる花はかずかぎりなしことごとく光をひきて谷にゆくかも　上田三四二
2比ゆのうまさ　・無花果の裂けたるごとく若き日の心は早く傷つけるかな　与謝野鉄幹
3対比と体言止めのうまさ　・荷役ひと日就学ひと日の苦しみをつぶさに告げてその清き眉　木俣　修
4反復と対比のうまさ　・観覧車回れよ回れ想ひ出は君には一日我には一生　栗木　京子
5反復のうまさ　・いつ迄も病みてはをらじこの達磨立ち上れ立ち上れと我を励ます　河野　愛子
6擬声語の効果　・サキサキとセロリ噛みいてあどけなき汝れを愛する理由はいらず　佐佐木幸綱
7倒置法の効果　・噴水が輝きながら立ちあがる見よ天を指す光の束を　佐佐木幸綱
8表記の効果　・みほとけのうつらまなこにいにしへのやまとくにはらかすみてあるらし　会津　八一
9心情を映す情景表現の効果・いじめられ悲しき時は校庭の木馬をひとり打ちたたくとふ　岡本かの子
10話題とリズムの響き合い　・石涯に子供七人腰かけて河豚を釣り居り夕焼小焼　北原　白秋

特別な言葉を意識して使う必要はありません。自分の気持ちを自分の言葉で表現すればいいのです。次のページの「短歌創作の手順」にしたがって、言葉を織り上げ、作品にしていきましょう。

〔短歌創作のための手引き〕――「短歌を創りあげていく手順」

短歌を創りあげていく手順

作業プリント

年　組　氏名

（一）　何を詠みこむか考え、一点に絞ろう。

例　せつなさ・怒り・恨み・悲しみ・腹立ち・喜び・哀しみ・恋しさ・苦しさ・せつなさ・祈り・驚き・わびる気持ち・美の感動ｅｔｃ

＊短歌は一首に一つの心情しか詠み込むことができません。

＊この一年を通して一番心に鮮やかに残ったこと、胸の高鳴りを覚えたこと等、今では心に沈めている思いを引き出そう。

（二）「（一）」で絞りこんだ感情を、まず短文で書いてみよう。

1　最後の公式戦で、前回負けた祖手に一矢を報い「絶対一勝してやるぞ」という意気込み。

2　初めての試合で、ピッチャーとして初勝利を得た時の喜び。

3　友達がクラブや生徒会で活躍しているのに、何にも打ちこめずに充実感をもてないむなしさ。

＊一での感動が生じた理由やきっかけを考えて短文に直そう。「いつ」「どんなきっかけ」で生じたのだろう。一文で書き表わそう。

ステップ1

何を詠むか考えたこと。

ステップ2

短文です。

（三）　心情を映し出す情景を思いおこし、切り取ろう。
例　1の場合　試合の前夜、玄関先でスパイクを磨いている姿。
　2の場合　九回を投げ終えたあと、マウンドでのガッツポーズ。
　3の場合　制服の丈だけが短くなった。
＊嬉しい・悲しいという言葉を使わず、嬉しさをにじみ出す情景や声や表情を切り取ろう。詩歌は感動を詠うのですが、それは相手に感じとってもらうのです。自分で酔ってしまわずに間接表現をしよう。

（四）　歌に織り上げよう。
1　形式にあてはめる。（五・七・五・七・七）
2　もっと心にしっくりくる言葉を選ぶ。（意味・艶・響き・表記）
3　言葉の置き方を工夫し、心にしっくりくるリズムに修正しよう。
＊短歌は詠いあげるものです。作品を口に転がして修正していこう。

（五）　作品例（「二」「三」の例の作品）
例1　スパイクを磨きに磨き夢を見る明日は盗塁成功するぞ
例2　マウンドで雲なき空へ高々と突き出す右腕勝利をつかむ
例3　はや二年過ぎ去りし日々は平凡でセーラーの丈のみ変わりゆく

ステップ3
心情を映し出す情景を考える。

ステップ4
短歌を作り、推敲する。
下書き

ステップ5
清書する。

4　発展教材五〇首の実際（一八首抜粋）

(1)　相聞歌としての準備

【平成の相聞歌】

・「寒いね」と話しかければ「寒いね」と答える人のいるあたたかさ（俵万智）
・サキサキとセロリ噛みいてあどけなき汝を愛する理由はいらず（佐佐木幸綱）
・また電話しろよ待ってろいつもいつも命令形で愛を言う君（俵万智）
・「嫁さんになれよ」だなんてカンチューハイ二本でいってしまっていいの（俵万智）
・夕闇の桜花の記憶と重なりてはじめて聴きし日の君が血の音（河野裕子）
・手を振りて我に駆けくる君の背にみわたす限りの海続きたり（若松照子）
・観覧車回れよ回れ思い出は君には一日我には一生（栗木京子）
・Ｆ１に興奮気味の君のそば一人静かに梨むいている（ティーンエイジの歌～新聞より）
・この距離が一番いいと思うから何も言わない何も言えない（ティーンエイジの歌～新聞より）

(2)　口語表現による豊かな可能性

【俵万智の世界】

・自転車のかごからわんとはみ出して何か嬉しいセロリの葉っぱ（情景の切り取りのうまさ）（擬態語の効果）
・サ行音ふるわすように降る雨の中遠ざかりゆく君の傘（表記、比喩の効果）（心情を映す情景表現の効果）
・今までに私がついた嘘なんてどうでもいいよというような海（比喩の効果）
・７２３から７２４に変わるデジタルの時計見ながら快速を待つ（表記の効果）（情景の切り取りのうまさ）
・なんでもない会話なんでもない笑顔なんでもないからふるさとが好き（反復法の効果）

・四万十に光の粒をまきながら川面をなでる風の手のひら（比喩の効果）
・思い出はミックスベジタブルのようけれど解凍してはいけない（比喩の効果）
(3) **表現の対象の奥行きの深さ**
【宮柊二の世界】
・ここに若く睦び学びしわが友ら行き行きて戦火の中よりもどらず
・原爆を阻まむ国の声響むこの日の夕べ蝉生まれゆく
【正田篠枝の世界】
・太き骨は先生ならむそのそばに小さき頭の骨集まれり
(4) **連作による短歌の可能性の広がり**
・若山牧水・斎藤茂吉・与謝野晶子の作品（省略）

（二）　学習指導の研究

1　学習指導目標

(1) 短歌の理解のための調べ方・近づき方が分かり班レポートとして作成できる。
① 作者名や作品の読み方　② 語句の抵抗を取り除き大意を捉える。　③ 成立事情等を確認し想いを捉えられる。
(2) 「(1)」をふまえ短歌を再表現、および短歌として表現できる。
① 課題条件に沿って各自文章表現できる。　② 短歌を創作することができる。

(3)　表現された各自の作品を読み合うなかで、仲間の表現の良さを発見できる。

2　学習指導計画（全九時間）

第一次　（一時間）　学習の手引きをもとに学習課題を選び、学習計画を立てる。
第二次　（二時間）　歌の解釈を行い、班レポートを完成する。
第三次　（二時間）　発表学習を相互に行い学び合う。指導者の補説を聞き、知識の整理をする。
第四次　（二時間）　発展教材五〇首と教科書掲載短歌のそれぞれから一首を選び、再表現をし読み合う。（推敲後文集作りへ）
第五次　（一時間）　短歌創作の手順に学び、創作を行う。
第六次　（一時間）　相互評価を行い、交流し合うとともに、次作品への視点やポイントをつかむ。

3　指導者が行った支援の内容

(1)　発表学習に向けて課題解決へのアドバイス。
(2)　鑑賞文および短歌創作のための学習の手引き作成。
　①　小説の一場面のように情景を再現する。
　②　詠われている情景や心情を押さえて鑑賞文を書く。
　③　短歌創作のための手引き作成。
(3)　発展教材五〇首の作成。

（三）　学習活動の状況および反応の実際

1　鑑賞文「小説の一場面のように情景を再現する」の実例

①　思い出はミックスベジタブルのようけれど解凍してはいけない　　俵　万智

『ミックスベジタブル』『解凍』この不思議な例え方が、私はとても気に入りました。

野菜のように、思い出はいろんな形や色を持っているけれど、それはそっとしまっておくからこそきれい……。こんな作者の思い出とは何なのかと考えてみるとおもしろいです。そして、それは私たちの心の中でも、どこかに埋もれて眠っているのです。トマトなのか、レタスなのか、人それぞれですがね。

私は、俵万智さんの短歌は鏡のようだと考えました。自分の心をそのまま鏡に写して、私たちの心へ反射させてくれます。この歌も、短歌の中の新しい光のように思いました。（女子生徒）

②　太き骨は先生ならむそのそばに小さき頭の骨集まれり

五十首の中から僕が一番印象に残ったこの短歌は、戦争中いつも通り学校へ来た生徒が空襲に会い、みな死んでしまったという意味を表している。

印象に残った理由は「大人の骨、子どもの骨」と表現せず「太き骨」

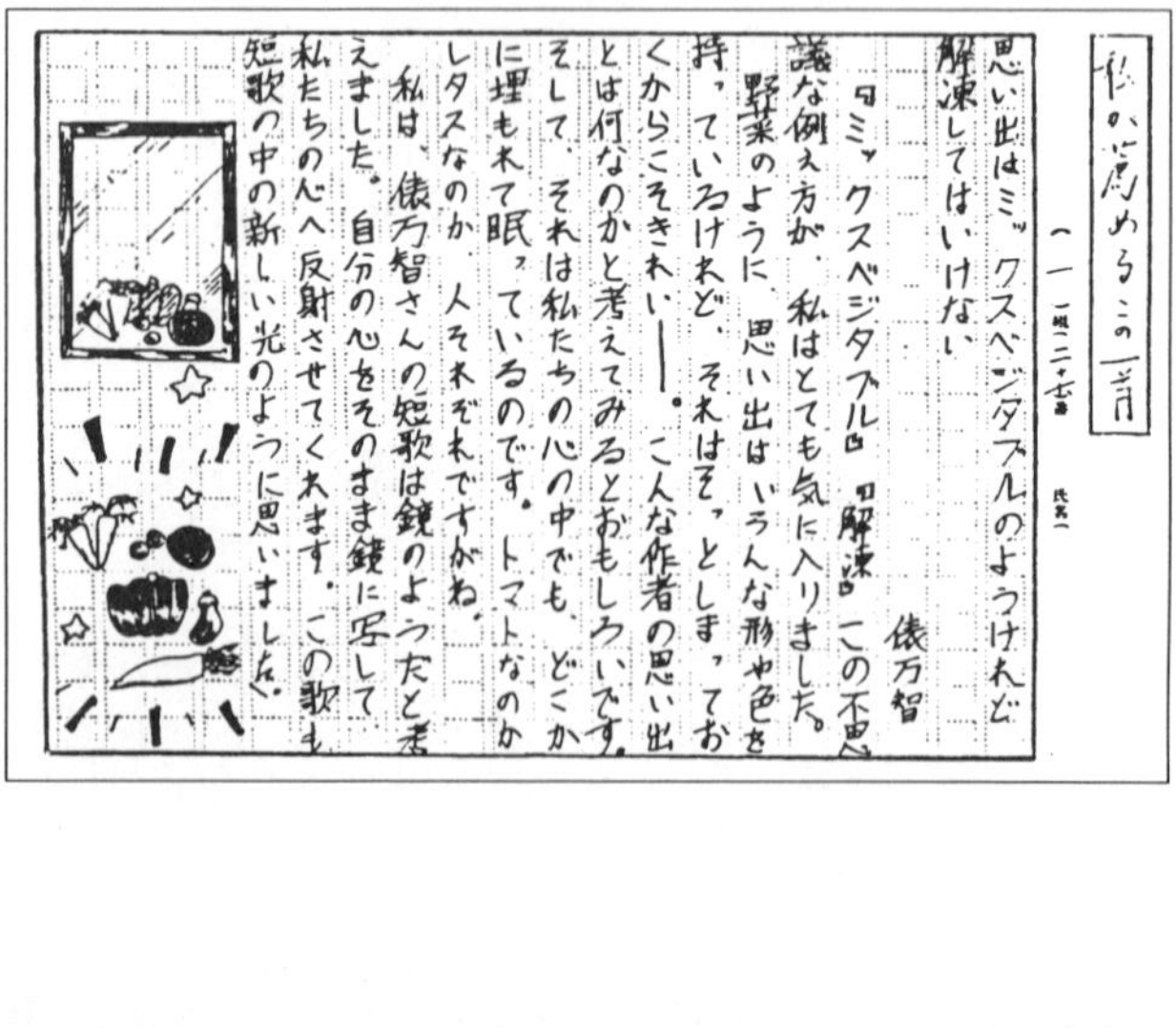
私の薦めるこの一首

思い出はミックスベジタブルのようけれど
解凍してはいけない　俵万智
『ミックスベジタブル』『解凍』この不思
議な例え方が、私はとても気に入りました。
野菜のように、思い出はいろんな形や色を
持っているけれど、それはそっとしまってお
くからこそきれい――。こんな作者の思い出
とは何なのかと考えてみるとおもしろいです。
そして、それは私たちの心の中でも、どこか
に埋もれて眠っているのです。トマトなのか
レタスなのか、人それぞれですがね。
私は、俵万智さんの短歌は鏡のようだと考
えました。自分の心をそのまま鏡に写して
私たちの心へ反射させてくれます。この歌も
短歌の中の新しい光のように思いました。

「小さき骨」と読んだことでいっそう戦争の悲惨さ、残酷さが伝わってきたからだ。また、戦争への作者の思いも同時に伝わってきた。（男子生徒）

③　四万十に光の粒をまきながら川面をなでる風の手のひら　俵　万智

初夏の昼下がり。真っ青な空に真っ白な雲が浮かぶ。その下に、広大な四万十川がゆったり流れていた。四万十川の水はすみ、さわやかな風が吹き抜ける。川沿いの木々の葉の音と川の流れる音以外何も聞こえない。そして、風が川面を撫でて散らした水の粒が、初夏の太陽の光に輝いている。自然の中、誰にも知られずに、ゆっくり時が過ぎていた。（女子生徒）

④　今までに私がついた嘘なんてどうでもいいよというような海　俵　万智

今までにたくさんの嘘をついた私。そんな私が海の姿を見て、その広さと、自分を飲み込んでしまうような大きな力のようなものを感じた。

海は作者の嘘に対して、何も気にとめず、ただ波を打ち寄せてくる。そのいつもと変わらない様子に、作者は自分の嘘なんて海に比べればごく小さなもの、自分をいつもと変わらずに受け止めてくれる海のように、大きく強い心を持ってがんばろう。私には、この短歌がそう伝えているように思えた。（女子生徒）

2　創作短歌の実例

・一瞬の疲れが吹き飛ぶその音はパサッと決まったシュートの響き　（女子生徒）
・オレは打つ！　そう言いきかせて二百回毎日黙々バット振る　（男子生徒）
・自由帳開くと真っ白新鮮でこれから何を書いてみようか　（女子生徒）
・この頃の毎日はいつもありふれて壊したくなる今の生活　（男子生徒）

・ラジオから聞こえる午前一二時の時報を合図に心をリセット　（女子生徒）
・五分前何を言うやろ先生はビクビクしながら三者懇談　（男子生徒）
・「初め」その一言でえんぴつをふるえながらもにぎりしめる　（女子生徒）
・いると嫌遠くになってわかるよさ広く感じる兄達の部屋　（女子生徒）
・鬼に金棒母がほうきと仁王立ちでも電話がなれば声だけ天使　（女子生徒）
・受話器取る一音上がる母の声私と分かり三音下がる　（女子生徒）
・「○○君が君の事を好きだって。」そういう僕も君のことが好き　（男子生徒）
・気がつけばいつもあの子を見るあなたそんなあなたを見ている私　（女子生徒）
・あなたへの気持ちを素直に伝えますたった二文字で簡潔に　（女子生徒）

3　記述式による相互評価とフィードバックの実例

――書くプロがいれば、読むプロもいる。私は友達の作品をこう読む

① 「この頃の毎日はいつも……」の歌

この作品については、すごく共感できる所があった。この作品のように感じている中学生は何人も何百人もると思う。だから、ナイフとかそういう物までできてしまうのだ。学校は楽しくないし、家に帰っても勉強が待っているんだ。でも、いつきはきっと楽しい日が続くんじゃないかと思う。（男子生徒）

② 「五分前何を言うやろ先生は……」の歌

理由は、僕も同じ経験があり、作者の気持ちがよく出ていたということです。いつも三者懇談になると椅子に座ってずーっと黙ったまま何いわれるのかなぁと考えます。そういう所が良かったので、この作品を選びました。

（男子生徒）

③　「いつまでも君のそばに……」の歌

もうすぐ三年生になる自分たち。今は一緒のクラスで気になる子がもしかしたらクラスが離れてしまうかもしれない。そんな男子の純粋な気持ちと、自分の想いを伝えたいけれど伝えられない、そんな自分の中にあるモヤモヤっとした感じも伝わってきた。（男子生徒）

（四）　学習指導の評価と考察

1　学習指導の評価

以上の実例のような表現活動を行うことができた。文集という性格上、全員掲載を前提とした実践となるが、今年度三冊目の国語科文集作りということもあり、比較的スムースに活動が行われたと感じている。

文種に応じた表現の中に、歌にまつわる心に迫っていると捉えられるものが多くあり、中学二年生の理解、および表現能力の可能性を示唆していると考える。歌への関心と基礎的な眼、および、課題に応じて考えをまとめ、まとまりのある文章を書く力が開かれたと一応の評価をしてよいと思う。

また、書き合い、読み合うなかで、自己理解、他者理解ができ、「青春探訪」という自分探しの旅に出始めた中学二年生の心を幾分なりとも昇華できたのではないかと考える。

そして、そのことを通して、一人ひとりの活動をそれなりに大切にできたのではないかと考える。

2　考察

今回の指導を振り返った時、次の(1)～(3)が学習者の書く力へつながったのではないかと考える。

(1) 鑑賞文指導において、課題条件法を用い「何を」「どのように」書くのかを明示したこと。

「ア　小説の一場面のように情景を再現する」の例の場合、課題条件として示した内容にほぼ沿って情景描写がなされていると見取ることができる。

具体的には「語句を押さえて情景を豊かに書く」の「A　①遠景に何が見える。(色・形・姿)」「②近景に何が見える。(色・形・姿)」「B　③人物の様子はどうか。人物はどんな動作をしているか。」「C　④耳に聞こえる音は」という段落描写の視点と、それを「A・B・C」の各段落に位置付けたこと。

(2) 二種類の文種に応じた作文例を準備することで、課題条件だけでは書きにくい生徒の課題に応えられたこと。

(3) 生徒の心のひだにしみこみやすい俵万智の短歌を中心としたこと、また、五〇首という歌の準備があったため、一人ひとりの活動を保証しやすかったこと。

ちなみに、発展教材として提出した五〇首の短歌のうち、生徒が選んだベスト一首は、「今までに私がついた嘘なんて……」「なんでもない会話なんでもない笑顔……」であった。また、生徒の創作短歌、およびその推薦歌を見渡したとき、「心の癒し」としての短歌学習の位置付けを明確にしていきたいと改めて考えている。

(注1) 拙稿「新しい短歌を読む～私の薦める一首」「月刊国語教育」誌　東京法令出版　一九九一(平成三)年六月号　三八ページ

(注2) 『課題条件法による作文指導中学校編』奈良国語教育実践研究会編　明治図書　一九九〇(平成二)年

(注3) 「古典和歌への関心を高めるグループ学習の試み」八尋薫子『楽しく学べる古文・漢文の指導』明治図書　一九八九(平成元)年三月　四八～五七ページ

(注4) 拙稿「詩歌の創作指導」『中学校国語科の指導事例集2「詩歌随筆」の理解と表現』明治図書　一九九一(平成三)年三月　九八～一〇八ページ

付　記

本節は「月刊国語教育」誌　九八年五月号別冊「詩歌教材指導改善ハンドブック」（尾木和英編　東京法令　一九九八〔平成一〇〕年　七〇〜七五ページ）を加筆修正し、転載させて戴いたものである。

参考文献

『国語教材研究シリーズ5短歌・俳句編』野地潤家、中西昇、安西柚夫、湊吉正監修　桜楓社　一九八〇〔昭和五五〕年
『短歌実作の部屋』短歌新聞社　玉城徹　一九八三〔昭和五八〕年二月
『サラダ記念日』河出書房新社　俵万智　一九八七〔昭和六二〕年五月

四　はがき歌の学習指導

——韻文指導の前段階に位置づける試案——

（一）　教材化の視点

1　先達に学ぶ

一九九六〔平成八〕年四月六日（土）の朝日新聞第2愛媛の「はがき歌」表現に生きる—正岡子規（長谷川孝士松山東雲女子大教授　松山市立子規記念博物館館長）の記事に学んで、実践を思い立ち、丁度担当していた本校七クラスの一年生への学習指導を行った（注1）。

次いで、他校の一年生一クラスに対する実践を行ったが、二校八クラスの実践指導を通して、短歌・俳句の前段階に位置づく理解・表現学習に成り得ると考え、その記録の一部を取りあげて報告することとした。

2　内容価値の観点から

見えないところで／ひとつながりに／
つながりあって生きているのは／竹藪の竹だけではない／
土手のすぎなだけではない／しみじみとそう思います（注2）

「家族へのはがき歌」は中学生にとって手軽な表現手段になりうると考える。子供たちの育ちの流れは、学力優先の価値が先行しがちな時代にあって、重圧に負けかけて居直ったり、自信を失ったり、生きる喜びを失う向きもある。そのようななかで「はがき歌」を作ることは、自分を支えてくれている人間の温かさ、まなざしのぬくもりを切り取り、言葉に置き換えることである。ひとりの娘として、また息子として、父を語り、母を語ること、あるいは、共育ちをするはらからを語ることは、ひとりの人間の生き方に触れることであり、喜びや悲しみを分かち合う相手を持っていることに気づかせることである。一身を賭して仕事や子育てに傾注する姿に気づかせることでもあろう。

また、その文字となった「はがき歌」を交流することは、さらに、隣に座る友のぬくもり、ひとりの人間としての心の深みや生きてきた歴史、絆の存在に気づかせることにも繋がっていくと考える。それは、暗黙のうちに泣き笑いの人生の深さや人が生きる意味は何かを教え、導く目を育てることにも繋がっていくであろう。一方、三五字程度で思いを伝えるということは、心を包む表現をどのように行うかということとの格闘でもある。家族の誰に何を感じ、どう切り取るか、また、それをどう文字表現していくか、言葉の選択を余儀なくされる。凝縮された言葉の味わいに気づくきっかけや表現することの苦しみ、それを突き抜けた喜びをも感じることにつながるであろう。

このように手軽で普段着の言葉でありながら、心と言葉の不即不離の関係に気づかせられ、短歌等韻文表現指導の前段階に位置づけた実践が可能と考える。

3　**国語科表現指導の観点から**

(1)　伝達を目的としているため、何のために書くのか、誰が読み手となるのかが明確であり、そのため目的意識・相手意識を明確にして取材活動をさせたり主題意識を持たせることができ、機能的作文指導が可能である。

(2)　学習者の努力に応える作文処理が可能である。

(3)　読み合う場の設定が可能であり、相互推敲、および推敲活動を通して書けない生徒への働きかけが行いやすい(注3)。

(二)　教材の編成と教材化の工夫

1　**教材の編成の観点**

(1)　生徒の興味、関心を引くもの

(2)　価値、言表の観点から考えて理解・表現の参考になるもの

2　**教材の編成**

朝日新聞第2愛媛の「はがき歌」に掲載されていたものが二〇数作品であり、「生徒の興味、関心を引くもの」という観点で予備調査した結果、作品数を補う必要があると考えた。そこで、既に先行実践として取りあげられて

もいる「日本一短い『家族への手紙』」の中から選択し、両方合わせて「はがき歌」として構成した。①～⑤の作品は「朝日新聞第2愛媛の『はがき歌』」、⑥～⑩の作品は「日本一短い『家族への手紙』」という構成である。

3　教材化の工夫

(1)　理解

①　あらかじめ中学生にアンケートをとって代表の五作を選定し、残り五作は指導者が選定してより中学生の創作活動に役立つように準備しておく。

②　対象となる学習者に一作品を選定させ、「どこ」が「どう」よいのか記述させ、その反応を全体に返すことで、表現意欲の喚起と表現したい事柄と言葉へのイメージ化を図る。

(2)　表現――学習の手引き二点の準備

①　文話「あなたが写す家族の表情」

【ここがシャッターチャンスです】

シャッターを押す瞬間に切り取られた一枚の絵。そこにはその風景に感動する写し手の心をも永遠に残します。

1　さて、あなたがさりげなくたった一枚だけシャッターを押すとしたら、誰のどんな表情を

②　課題条件法（学習内容）

書く前

課題（目的）

心に深く残っている家族の表情の一コマをとらえ「はがき歌」として記録に残す。

相手　・家族の一人へ

内容　・家族の表情の一瞬や一コマをとらえその表情に気持ちを添える。

文字数・二五字～三五字。（「、」「。」は一字に入れない）

切り取りますか。
2　その切り取った風景をふだん着の言葉で具体的に語りかけてみましょう。
ア　表情をどう言葉にしますか。
イ　表情にどんな気持ちを添えますか。

書いた後

・名前を伏せて読み合い、表現や内容の良いところを書き合う。
・良かった点を交流し合う。
・「一年○組はがき歌集」として綴じる。

（三）　学習指導の研究

1　学習指導目標

(1)　代表の一〇作を読み、心に響いた一作品の推薦文を書くことができる。
(2)　家族への思いを、はがきうたとしてまとめることができる。
(3)　友達の作品を読み、推薦理由を明確にした推薦文を書く事ができる。
(4)　推敲活動をとおして描写の方法と、心情の表わし方を知る。

2　学習指導計画（全四時間）

第一次　文話や代表の一〇作品を通して、心に響いた一作品の推薦文を書く。（一時間）
第二次　第一次で書いた推薦文を読み合い、課題をつかみ、自己の家族への思いをはがき歌にまとめる。（一時間）
第三次　作品を読み合い、推薦文を書く。励ましの評価を行うなかで、優れた表現の観点を分かち合う。（一時間）
第四次　推敲を終えた作品を「○年○組はがき歌集」として作成する。（一時間）

3 教材開発の実際——生徒に示した代表の一〇作

①〜⑤の作品は「はがき歌」、⑥〜⑩の作品は「日本一短い『家族への手紙』」から選んだものです。あなたの心に響いた作品を一つ選んで下さい。

僕が私が心寄せるはがき歌

①お父さんへ　午後九時半「帰ったぞ」とのひとことで家の中ぱっと灯がともる　（一二歳女生徒）

②入院しているねえちゃんへ　けんかしていつでもぼくをやっつける強いねえちゃん病気に負けるな　（九歳男児）

③フランスにいる兄へ　松山に久々積もった雪少し缶詰めにして送ってあげたし　（一五歳女生徒）

④ばあちゃんへ　夕焼けが黄金色に染まってくがくぶちにいれ送りましょうか　（一二歳女生徒）

⑤自分へ　ほんとうの自分に聞きたいことがあるあなたは今幸せですか　（一四歳女生徒）

⑥お父さんへ　合格発表の時、「車で本読んでる。」と言ったお父さん。あの時、本逆さだったよ。　（一九歳女性）

⑦お母さんへ　母さんが背負ってきたネオンの夜は、わたしを背負うためだったのですね。　（二四歳女性）

⑧おふくろへ　コンビニで弁当買って賞味期限見た。おっ今日は、おふくろの誕生日だ。　（一九歳男性）

⑨お母さんへ　私、今朝顔だね。お母さんに巻きついてばっかり。ごめんね。いつか強くなるから。　（一二歳女性）

⑩お父さんへ　何も語らず、何も釣れず、／ゆっくり流れる〝時〟が好き。／また釣りに行こうね、お父さん。　（二二歳女性）

（四）　学習活動の状況および反応の実際

1　理解学習——「私が選んだはがき歌」とその理由（一部抜粋）

夕焼けが黄金色に染まってくがくぶちにいれ送りましょうか（④番）

・私が選んだのがこれだったのは、私もおばあちゃんが大好きで、私もおばあちゃんとはなれてくらしているのでなかなかおばあちゃんに会えません。（でも月に一回ぐらい会ってるかな？）おばあちゃんに黄金色の夕焼けをあげたいという気持ちがとってもよくわかりました。がくぶちという所もおもしろかったです。

ほんとうの自分に聞きたいことがあるあなたは今幸せですか（⑤番）

・ほんとうの自分に聞きたいことがある、というところが、今の自分とは別に自分がいるようで面白い。あなたは今幸せですか、という表現は、他人に聞いているようでよかったと思った。本当に私とぴったりで共感できた。本当に聞きたいです。

合格発表の時、「車で本読んでる。」と言ったお父さん。あの時、本逆さだったよ。（⑥番）

・けっこうお父さんは、がんこで、自分の子供のことを気にしないようにして、とても気にしている。本当は、とても気になるのにごまかして、心の中でおさえている、というのが、とても、よかったと思います。

・合格発表の時は自分もきんちょうするけど家族もしんぱいをしてる人だと思った。いつもけんかとかもしてると思うけど合格発表など家族がたいへんなときになるとしんぱいしてくれたりする。もし家族がしんぱいしてくれなかったら不安になってしまうけどしんぱいしてくれるだけでうれしくなったり勇気がわいてくる。家族はなにもしてくれなくてもいてくれるだけで力になっているんだと思った。

2　表現学習――「私の僕のはがき歌――一年一組編」（Aグループのみ抜粋）

1お母さんへ　・いつも朝に起こしてくれてありがとう。これからも朝起こしてください。
2弟へ　・あなたが私を「お姉ちゃん」と呼んで話しかけてくるのはいつまででしょうか。
3お父さんへ　・角度を変えても同じ形の丸形の眼鏡をかけてるお父さんへ、眼鏡といっしょにどこを向いても笑顔で過ごしてください。
4愛しのジョリー君へ・いつも、めし食って、寝て、かんで、怒って、遊んでいる、にくたらしいジョリー君そんな君が好きだ。
5母へ　・いつもいつもめいわくかけてすいません。これからもこんなぼくをはげましてください。
6お姉ちゃんへ　・いつも元気モリモリでチョー強いお姉ちゃん、入学試験ガンバレヨー！
7妹へ　・いつもねことねずみのようにけんかばかりだけど、本当は、ねこが毛糸でじゃれているみたいなんだよ。
8お父さんへ　・いつも、朝早くから働いて、夜遅くに帰ってくるお父さん、いつか、ありがとうの気持ちがつまった大きな箱をおくるからね。

3　互選された作品とその理由――「私が選んだはがき歌」（二年一組編一部抜粋）

A6　いつも元気モリモリでチョー強いお姉ちゃん、入学試験ガンバレヨ！

〈背景〉　いつもけんかをすると勝てなく、痛い目にあっている貴生くん……この頃、夜遅くまで起きて勉強してるよな。入学試験もガンバレヨ！　でも終わったら、息の根をＳＴＯＰさせてやる！

（推薦）　私のお姉ちゃんも、三年生で入学試験をがんばっています。私もお姉ちゃんが合格するようにがんばってほしいと思う。がんばってほしいところが同じだと思います。（○○○）

8　いつも、朝早くから働いて、夜遅くに帰ってくるお父さん、いつか、ありがとうの気持ちがつまった大きな箱をおくるからね。

〈背景〉　私のお父さんは夜勤がとても多いです。夜勤の時はとてもだるそうに起きてきます。この生活ができるのは、お父さんのおかげだと思います。でも私にできるのは、「ありがとう」と思うことだけです。お父さんには、体を大切にしてほしいと思っています。

（推薦）　なんかすごくお父さんに対する「ありがとう」という気持ちが表れていてすてきです。特に気に入っているのは、最後にある「いつか、ありがとうの気持ちがつまった大きな箱を送るからね」という表現方法が、うらやましいくらい上手に書けていると思います。だから私はこのはがき歌を選びました。（○○○）

B③　幼いころになくしたお母さん。でも、がんばっています。いつまでも見守っていてください、お母さん

〈背景〉幼いころに母をなくして、悲しいけどがんばっていると知らせたい気分を書きました。

（推薦）　ぼくは三番を推薦します。「幼いころになくしたお母さん。でもがんばっています。」というところが良かったと思う。幼いころになくしたけどくじけずに頑ばっているんだと思った。（○○○）

⑨　いつも朝早く犬の散歩行ってくれてありがとう。前、弁当まずいって言ってゴメン。

〈背景〉　いつも一番世話になっているのは、母上だなと思ったからです。これからも世話になると思うからぼくが朝犬の散歩に行く約束をしたから。

〈推薦〉　僕もお母さんが早起きして作ってくれているお弁当に「まずい。」とか「食いにくい。」とか言ってしまったから、この文を見た時に心にぐっときました。（〇〇〇）

（五）　学習指導の評価と考察

1　学習指導の評価

書き合い、読み合うなかで、自己理解、他者理解ができ、「青春探訪」という自分探しの旅に出始めた中学生の心を幾分なりとも昇華できたのではないかと考える。

はがき歌の場合、作品例として示した一〇の作品のうち、学習者が心を寄せた作品は、「5　自分へ　ほんとうの自分に聞きたいことがある　あなたは今幸せですか」「6　お父さんへ　合格発表の時、『車で本読んでる。』と言ったお父さん。あの時、本逆さだったよ」であった。

また、「二」で取りあげた発展学習の五〇首の短歌のうち、生徒が選んだベスト二首は、「今までに私がついた嘘なんてどうでもいいよというような海」「なんでもない会話なんでもない笑顔なんでもないからふるさとが好き」であり、「一」で取りあげた俳句作品の場合、「生涯の友一人得て卒業す」「うさぎほどの温もり膝に毛糸編む」「卒業試験欄をはみ出す必死の字」であった。虚飾もてらいもない等身大の中学生の姿が共通して感じられる。

冒頭に紹介した「見えないところで／ひとつながりに／つながりあって生きているのは／竹藪の竹だけではない

／土手のすぎなだけではない／しみじみとそう思います」という詩の心のごとく、思春期のトンネルを潜り、揺れながらも自分を支えてくれる家族や友の温もりを求め、つながっていることへの喜びを感じている中学生の心を確認できたように思える。

また、友の作品に共感を示すことで、内面的なつながりをもたらすことも出来たのではないかと考える。さらに俳句指導においても、理解教材の作品によっては、中学生の心を深く引き出し得ると今回の実践を通して考えさせられた。その意味で、それぞれの学年および発達段階において、学習者の喜怒哀楽を伴う生活の「心の癒し」となりうる韻文表現の教材開発を行い、響き響かせ合う指導法を用いて「心」と「ことば」を育てていく道筋を考えていきたいと思う。ことに、詩の表現・理解というジャンルに固定されがちであった中学一年生の韻文表現指導に、今回「はがきうた」というジャンルを加えることにより、幅を持たせた指導が可能になったのではないかと考える。

なお、学習指導を参観された当該校の校長先生が、提示した「一〇」の作品をご覧になって、「これがいいんだよ」と洩らしておられたことを付記しておく。学習者の実態や課題をよくご存じの方の目に映った視点として、私自身も学ばせて戴いた。

2　考察

(1)　表現指導へと学習構成していく場合、理解学習で出会う作品そのものが、「模倣法」という形で、学習者の発想や言葉の使い方への指導法として大きく影響していくことになる。教材開発という視点に立つ時、指導者側の作品収集を心掛けることが大切であると考える。

(2)　「推薦する作品とその理由」という文章記述を伴った相互評価の形を二回繰り返すという展開は、表現指導の作品の処理・評価という面で大きな意味を持つと考える。学習者の人間関係や生活の背景を全く承知していない飛び込みの授業の場合、学習者は心の扉を閉ざしがちと考えるが、初回における展開・処理の中で、指導者をも含めて緊張関係が変化していくと感じられた。「表現しよう」という意欲に関わって「(1)」と同じ重要な鍵になるととらえた。ただし、煩雑にならないようにしていかにタイムリーに各クラスにフィードバックするのか、できるのかという事との背中合わせでの課題でもある。

(3) 二校八クラスの実践例だけであるが、一年生段階で韻文表現指導の前段階としての位置付けができるのではないかととらえた。

（注1）「第一三回国語教育『攷の会』」（一九九六〔平成八〕年八月）における長谷川孝士先生のご講演の中で、レジメの資料より抜粋。
（注2）小東敏良氏『こころの味』（教育企画コヒガシ　一九九一〔平成三〕年一〇月）に掲載の東井義雄氏の言葉。東井義雄氏が小東敏良氏に当てた書簡文の中に記されている。
（注3）一九九六年二月一八日（火）を公開授業とする大阪府箕面市立第二中学校前野由季教諭と宝代地との三時間のTTによる学習指導をもとにまとめたものである。

引用資料・参考文献

「日本一短い『家族』への手紙」福井県丸岡町　一九九五〔平成七〕年四月
「ことばとこころを育てる表現活動」遠藤瑛子　一九九六〔平成八〕年度兵庫県中学校国語科県大会研究冊子（一一月）

付　記　先行実践として切り拓いて下さった遠藤瑛子先生に多くの示唆を戴いてこの実践が成立した。ここに記して厚く感謝申し上げたい。

第Ⅴ章　特別教育活動との連携による実践展開
――機能的な場を支える国語科表現技術の習得――

一　意見文の学習指導

（一）　機能的な場を支える国語科表現技術の習得

第Ⅱ章から第Ⅳ章まで、国語科における理解と表現を一体化する学習指導法について述べてきた。転じて、第Ⅴ章では、特活との連携による国語科表現指導の報告を試みたい。

最初に修学旅行の平和学習に関する意見文指導を、ついで一年時の転地学習を題材にした本作りを取りあげて報告したい。これらの実践は同じ学習者を対象とした実践である。本作りという形態の学習指導をしつつ、同時に表現指導の基礎と表現する環境の整備をどのように行っていったのか、あわせて報告したい。

また、意見文の指導においてはそこに視点をあてる意図と、三年間を見渡した系統案を示し、その思索の延長線上において展開した実践のありようについて述べていきたい。

（二）　中学生の思考を育てることと意見文指導
――ニューレトリックが示唆する意見文指導の今日的意義
「協力のためのレトリック」の成立する社会への志向と意見文指導

1　教材化の視点

中学生が起こした事件の活字が踊る紙背にあって、一方では明日に架ける橋たらんと凛とした姿で生きる中学生の姿もある。どのような「言葉の環境」を設定することによって、共生社会をめざす「こころ」を育て「思考」を育て、「主体的に生きる力」につながっていくのか、実践現場に立つ者としての目前の課題である。

私自身は、この課題に対する国語科における一つのアプローチとして、次の二点に視点を置いて実践を行っている。

(1)　目的意識・相手意識の明確な「解決型の意見文」については、相互交信の場を設け、生きた場におけるコミュニケーション作文となるように設定すること。

(2)　「新聞」を用いて日々集材をさせ、社会の生きた事象に目を向けさせ、認識を育てること。

目的意識・相手意識を持ちながら働きかける「討論」や「意見文」といった表現学習は、学習者の「生きる力」そのものへ直結する重要な国語科表現学習であると考える。そして、そのためにはいわば教科書を離れ、時には教室を飛び出す実践も必要であると考えるが、このように志向する根拠について以下に述べてみたい。

2　解決型の意見文指導と社会認識を育てる題材設定の必要性

(1)　意見と意見文の特質

古典レトリックの五大部分の一つであり、思想創出の営みである創構に着目して、『意見文指導の研究』を著わした大西道雄氏は、「意見は、主体が、問題・障害のある状況、事態に遭遇し、それを解決、克服するにあたって、判断・行動の基準・根拠とするために形成した理念である。」と意見の概念を規定し、その型として、「意見は、外的行動化を促す方向に作用するものと、内面的行動（思索）に向かって作用するものとに分けて考えることができる。これは、後述するように、前者は、問題解決型の意見となり、後者は、思索型の意見となる（注1）。」と分類している。

関連して、戦後コミュニケーション作文に取り組み、奈良教育大学教育学部附属中学校において、その実践理論をうち立てた巳野欣一氏は、意見文記述の目的を「意見を述べる目的は、相手に対し、自分の主張を根拠に基づいて論理的な構成で訴えることにある。したがって、意見文を読んだ相手が、書き手の主張を理解納得し、共感したり、時には今までの自分の考えを変えたり、訴えに応じた行動を起こしたりするという反応を示すことによって目的は達成されたことになる（注2）。」と述べ、意見文の特質を内容と相手意識から解説を加えている。

この相手意識とその反応という視点は、大西道雄氏のいう外的行動化を主目的とした文章という意味で、軌を一つにしていることに気づかされる。これからの意見文の方向として、「外的行動化を主目的とした文章」に視点を当てた実践がより必要であると認識するのであるが、その論拠をニューレトリックが興ってきた背景とそれに対する提案に求めたい。

(2)　ニューレトリックと意見文指導の原理との関わり

①　なぜニューレトリックへの要望がおこったのか

大西道雄氏は、『意見文指導の研究』において、レトリックが再生してきた歴史的過程を「今日、作文指導の原理としては、コンポジション理論が、その中心的な役割を担っている。」「一九六〇年代から、アメリカにおいて行われているニューレトリックは、要約的に言えば、思想創出の営みであり、思索の活動である創構を重要視し、これまでのレトリックが中心的内容としていたelocutio（修辞—引用者注）と、それとを結合させて、レトリックの再生をはかったものである」と述べている（注3）。つまり、意見文指導においてこれまでの構成を中心とした指導から、「創構」すなわち「発想」そのものの指導を加える流れが出てきた過程を示唆している。

また、欧米諸国の国語教育理論を紹介し批判的に摂取した輿水実氏は、「旧レトリックでは、ある伝えようとする思想があって、それを効果的に伝えるにはどうするかということの工夫、研究を主とした。これに対して新レトリックは、伝えようとする思想そのものの生成、成立を問題とする（注4）。」と述べて、「思想そのもの」が重視されるようになってきたことを指摘している。

この大西道雄氏および輿水実氏の論をとおして、意見文指導の原理の中心が、構成指導にとどまらず、発想、思想そのものを持たせる指導に重点が置かれるようになってきた流れをまず捉えることができる。では、なぜこのような流れが一九六〇年代に重視されるようになったかという点について、修辞学に精通していた波多野完治氏は次のように説明を行っている。

② 波多野完治氏がニューレトリックに期待するもの

波多野完治氏は、レトリックが根本的に変革することになった要因を大きく二点にとらえている。まず第一点目は、映画・ラジオ・テレビの三つの発明があいついだことをあげ、「これがいままでのレトリックを根本的に変革することになる（注5）。」と述べている。すなわち、それら機器の発明によって情報の伝達力が変わり、発信者が同じ話をできなくなったという結果、「何をという発想」自体にコミュニケーションの重点を置かざるを得なくなった変化を示唆するものである。

また、二点目の要因として、次のように説明している。現在世界中でおこっている「新しいレトリック」への要望は、じつにもう一つの原因をもっている。それは、政治的原因ともいうべきものである。民主主義が徹底してきた結果、人々の考えが多元的になった。それはよいのだが、その多元的なものが、おたがいにコミュニケーションをおこなうべき、共通の方法をもたない、ということがはっきりしてきたのである。

これがいわゆる「断絶」である。（略）

考えてみれば、レトリックは二千年、いやエジプト文書の時代からかぞえれば三千年、ずいぶんいろいろな変遷をたどってきた。しかし、今日ほど大きな変化はないかも知れぬ。というのは、新しいレトリックの成否に、人類の今後の存在か滅亡かがかかっているからである。新しいレトリックができなければ、人類はほろびる。ケネス・バークのいうように「協力のためのレトリック」が成立するかどうか。それが、白人どうし、キリスト者どうしのあいだだけでなく、白人と黒人、ブルジョアとプロレタリア、体制側と反体制側とのあいだで成立しうるものかどうか。（略）

レトリックは今日こういう大きな責任をおわされているのである。（注6）

波多野完治氏は、ニューレトリックへのもう一つの要望が、「政治的原因ともいうべきもの」にあると指摘し、「民主主義が徹底してきた結果」として、「コミュニケーションの疎外現象」が著しくすすみ、人類共通の未解決問題となっていることを指摘している。そして、「対立の構図にある者」との「協力のためのレトリック」が成立するかどうかに、「人類の今後の存在か滅亡かがかかっている」として、これからのレトリックのあり方の重大性を示唆している。

この「人類の存在か滅亡かに関わるコミュニケーションの必然性と必要性」ということに関連して、ユルゲン・

ハーバマス氏は、「近代の病理の解決法」として、「主観の独話的な推論」ではなく、「対話」をその中心に据え、「対話」という方法によって互いの主張を調整し均衡を保たせることで、対立からの回避を探ろうと提案している（注7）。

これは、波多野完治氏が、対立にある構図を解決するために、コミュニケーションを図ること、そのためにニューレトリックの動きが出てきたことと同心円上のとらえであり、その解決法として「独話（モノローグ）」ではなく、「対話（ダイアローグ）」を通すという、一歩踏み込んだ提案となっていると把握することができる。

では、その対話の相手とは、どのような関係であるべきかということについて、教育のみならず人間行動の全体をカバーする社会理論について論じるアルフィ・コーン氏は、「協力」ということを説く。アルフィ・コーン氏は、その著書の中で、社会病理である「国家間の緊張関係」の打破のために、「協力を目的として他人とかかわりをもち」、ひいては、「ほかの集団と見識をわかちあう」という視点を見出している（注8）。

アルフィ・コーン氏においても波多野完治氏やユルゲン・ハーバマス氏と同様、究極の課題は、地球規模の課題である。また、「協力を目的として他人とかかわりをもち」、「ほかの集団と見識をわかちあう」という課題解決のための方法論は、学習者の人権や生存権そのものに関わるものであるととらえられる。

つまり学習者が意見を持ち、他へ働きかけ、働きかけられて再思考する場の設定は、共生社会実現のために欠かせない能力であるととらえられる。

このことは、成人間近の中学生を指導する立場として、今後の意見文指導の方向と内容を示唆するものである。またそれは同時に、二〇〇二年から始まる総合的な学習の基底となるバックボーンとなる理論でもあるととらえられる。もちろん、中学生という発達段階においては、身近な生活の課題を発見する力とそれを意見文や討論として構成する力を育てることがまず、指導の基礎・基本であると考える。しかしながら、その実践の展望としては、グローバルな社会問題に対しても関わることができる一人の人格を育成するための実践であるという認識を、指導者側が持つ必要を示唆していると考える。また、その方法論として、「協力」のためのコミュニケーションを導入し、双方向のコミュニケーションができる場とその方法を準備することが大切であると考える。

意見文指導の今日的意義とそのめざすべき方向・方法論を右のようにたどるとき、次の三点が今後の指導の重点として大切であると考える。

ア　今の時代が抱える課題をつかませること

イ　つかんだ課題に対する認識を育てていくこと

ウ　共生のための意見交信の場を用意すること

このような論拠のもと、「解決型の意見文への着眼」「相互交信の場の設定」、「新聞情報を用いた集材による認識の育成」という冒頭に述べた教材化の二つの視点を柱として、実践を試みるものである。新聞情報という視点は、ニューレトリックの「発想」指導への着眼であり、課題意識と課題解決への認識育成をねらうものである（注９）。

（三）　意見文の技能系統表試案

奈良教育大学附属中学校教官の植西浩一氏と共同で、実践を重ねて共同製作した意見文の技能系統表試案である。この（三）の報告は、中学三年「自分の意見を客観視し、効果的な材料を用いて、目的・相手・場面に応じて、説得力のある意見が述べられるようになる。」に該当する実践となる。

意見文の技能系統表試案

	中学一年	中学二年	中学三年
学年目標	問題を見つけ、自分の考えをはっきりさせて、根拠のある意見が述べられるようになる。	適切な話題や題材を選びだして、問題を見つけ、意見を客観視して書くことができるようになる。	自分の意見を客観視し、効果的な材料を用いて、目的・相手・場面に応じて、説得力のある意見が述べられるようになる。
主題	身近な生活の中から問題を見つけ、意見をまとめられる。 ・問題提起を含んだ文章について自分の意見を述べることができる。	広い視野に立ち、異なった見方考え方もふまえながら、立場をはっきりさせて、妥当な意見を持つことができる。 ・物事の本質をとらえて、自分の判断を下せる。	広い視野で自分や社会をながめ、事実を正しくとらえて考えを述べることができる。
構想	・毎日の生活の中から問題を見つけられる。	・異なった考え方をふまえて、自分の考えを述べることができる。	
取材選材	意見の根拠や理由となる材料を集めることができる。	論点を支えるために効果的な複数の材料を集めることができる。	意見の根拠となる情報を幅広く集めることができる。

	事実と意見を区別して書くことができる。	広い視野に立って、自分の考えを述べることができる。	効果的で説得力のある構成を工夫することができる。
構成	・尾括式、頭括式の構成で書くことができる。	・予想される反論とそれへの対応を組み込んで書くことができる。	
叙述	・要素を押さえて、簡潔に事実を書くことができる。	・広い視野から身近なことへ書きつなぐことができる。	

（一九九三〈平成五〉、八　植西浩一・宝代地まり子　共同制作）

（四）　機能的な場の表現指導

――長崎方面の修学旅行に取材する意見文指導の学習構成の例

1　生徒の表現学習の高まりをもたらす学習指導の組み方

(1)　学校行事の持つ機能性

現在学習者を取り巻く状況としては、環境・人権・戦争と平和・情報・高齢社会と少子化に伴う社会保障の負担等、多種・多様である。共生社会といわれるが、男女・老若・障害の有無、マイナーとそうでない立場等多様であり、しかも、他国と調整していかなければ解決しない広がりを持つ問題もはらみ、大きな課題が横たわっている。その意味では、学習者が「課題をつかみ、つかんだ課題に対し、調べ・発信していく力」「相互交流する力」は、学習者にとって生きる力そのものであり、共生社会を育んでいくために不可欠な国語力である。

総合的な学習が教育課程に組み込まれる必然性もそこに見出すのであるが、学習者を育てていくためには、いかに実際の場を用意し、相手意識を持たせ、交信活動を行わせるかという指導者側の準備が要請される。幸いなことに、中学校現場をみつめた時、その土台となるべき実践を学校行事に見出すことができる。例えば、文化祭であり、修学旅行である。なぜなら、これらには「課題まずありき」で出発し、少なくとも「学年全体の取り組み」があり、「地域や訪問先という学校外の場」があり、その過程で「多様な教科の要素や技術・技能」がクロスされるからである。また、何よりも「学習者の興味・関心をかきたてる」という内発動機が敷かれ、意欲的で活発な展開を期待することができ、さらに、処理・評価が学年・学校全体で行われ、発表の場や交信が伝統的に行われているととらえられるからである。

その意味で交信の機能が組み込みやすい学校行事に着眼し、教材化することで、ダイナミックで、かつ機能的な国語学習を展開することができると考える。具体的には、学習者が確かに「話せ、聞け、書け、読める」ための場作りをし、実体験の場の中で、言葉が人の心を拓くという言語体験を持たせたいと考え、単元作りを試みた。

(2) **N高等学校放送部との交流学習**

修学旅行の行き先は長崎を中心とした九州方面であり、開校以来七年目である。三年間の平和学習および自治活動の集大成というねらいのもと、「被爆体験者のお話を聞く」「長崎市内の班別自主研修」という二点は、どの学年も積み上げ、大切にしてきている。

実践の背景は、「被爆体験者のお話を聞く」という現地での体験学習を、長崎での原爆投下によって被爆されたAKさんという八四歳の方のお孫さんにあたる短大一年生のMKさんと行うという交流学習に切り換えたことに始まった。このMKさんは、一年前に高等学校の放送部員として「夏ふたたび」という平和学習のビデオを作成した長崎に生きる若者である。祖母のAKさんを通じて、当日何がおこり、人々がどのように生き、今何を考えるべきかをインタビューと映像で記録として残し、若い世代からの平和メッセージとして投げかけている若者である。指導に当たられたのは、放送部顧問のA先生である。昨年度の学年が偶然発掘してそのビデオを事前に視聴し、その感想を現地で求められたという経緯があった。

昨年度の教育財産を受け継ぎ、さらに発展させたいと、四月の下見時にA先生に依頼し、MKさんとN高等学校放送部と本校三年生による若者同士の交流学習が実現した。

わずか四～五歳しか変わらない短大一年生のMKさんの行動力、生きる姿勢に、同じ若者として深く感じとるものがあったようである。また、AKさんは八四歳というご高齢のため、N高等学校放送部のA先生が事前にビデオ撮りをして下さり、そのビデオの中でゆりのき台中学校の生徒のために、被爆当時の状況を語って下さった。当時小学校の先生であったAKさんが語られる八月九日のその日、その直後の状況を、五三年後の今、鮮明に、そして涙ながらに語られるその姿、言葉に、生徒達は平和という言葉の重みを体得していったようである。平和記念館の一室をお借りして、MKさんと本校代表生徒の司会で、最初にAKさんのビデオレター、次いでMKさんの語り、そして、本校生徒の質問・インタビューという展開の交流学習であった。

三年間の平和学習の集大成として、貴重な学びの場になったのはいうまでもないが、道徳・学活、クラブ、また国語科を始めとした教科が、貴重な体験学習を核として、事前と事後において生きた場の学習活動を展開することができた。

2　長崎平和学習のカリキュラムと各教科・領域とのクロスおよび支援を戴いた方々

交流学習および事前・事後にどのような学習が行われたのか、その記録である。

(1)　長崎平和学習のカリキュラム

時間		学習内容	学習場所	学習形態	メディア	教具	担当	教科・係会
二年生最終	基礎講座	・詩を通して核による被害者の心情に心を添わせる	教室	一斉		プリント	担任	国語科 読書
第一時		・「夏ふたたび」の制作者の手記を読み考える	教室	一斉		プリント	担任	英語科
第二時		・「夏ふたたび」を見て平和について考える	体育館	学年合同 学級	コンピュータ(プレゼンテーション)	(図書資料)	学年	音楽科
第三時		・ゆりのき台中の平和宣言を作り、私たちが世の中に訴え、実行していくことは何かを考える	教室	一斉→班		原爆瓦 写真	担任	技術・プレゼンテーションによる説明会
第四時			学級	班→学級→学年		班ごとの平和宣言	担任	班長会による質問事項の集約
第五時（三時間程度）フィールドワーク ・AKさんからメッセージを受け、何を考えていかなければならないのか学ぶ			長崎原爆	学年全体	ビデオ	対話（インタビュー）		国語科 英語科 音楽科

		・MKさんとの交流会を通して、長崎に生きる高校生の生き方、考え方に学ぶ	資料館	←				班長会
			爆心地			群読		実行委員会
		・平和セレモニー（群読による平和宣言、献鶴、献歌）	平和公園	学年		合唱		生徒会（群読）
以降(1)	教科	意見文・手紙文 ↓国語科意見文集	教室	一斉 個人		新聞情報	国語科	各クラス有志
	教科	ディベート（論題チャーチルの言葉は正しいか否か）	教室	個人↓グループ		図書資料	社会科	各クラス
	教科	イメージ画作成	教室	個人			美術科	各クラス
	選択	A　コンピュータによる新聞作り	各講座	興味・関心に応じたグループ	パソコン		選択の担任	技術科
	選択	B　英語による新聞作り						英語科
	選択	C　新聞・本作り						国語科
	学年	A　学年文集作り	教室		パソコン		学年	・各クラス有志
	学年	B　七か国への手紙						
	学年	C　お礼の手紙　届け状	学年ホール	学年	テープレコーダー	手紙	学年	・放課後
	学年	D　依頼の「声のメッセージ」	放送室			テープ	国語科	
	部活	A　ホームページ作成		部活生徒	パソコン・デジカメ	写真	技術部	・ゆりのき台自治会
以降(2)	教科	パンフレット作り	教室	個人・全体			国語科	全員

(2) 学校行事を教材化するときに期待できた教科のクロス

ア　国語　・現地の高校生や被爆体験を持つ方へ手紙・意見文
　　　　　・七か国の総領事館への手紙・意見文（日本語・英語訳）
イ　社会　・長崎の歴史学習
ウ　技術　・パソコンによる修学旅行新聞作成
エ　英語　・原爆の投下の事実や「永井隆博士」の学習
オ　道徳　・インタビューする内容を考え、まとめる
カ　特活　・長崎の現地でのフィールドワーク、平和学習
キ　選択国語　・長崎を題材にした壁新聞作成（食文化・歴史地図）
　　　　　　　・永井隆博士の本作り、長崎の本作り
ク　選択英語　・現地でのインタビュー新聞

(3) 学校行事を教材化するために支援戴いた方々

ア　修学旅行先の高校の先生と生徒・卒業生
　・ビデオによるメッセージ作成や現地における交流学習
イ　被爆体験を持つ長崎の元小学校教諭（八四歳のAKさん）
　・ビデオによる生徒への語りや質問への返事
ウ　アシスタントイングリッシュティーチャー（AET）等外部職員
　・英字新聞の報告会、領事館への手紙の英語訳の推敲指導
エ　大阪・神戸ドイツ連邦共和国総領事館、アメリカ総領事館

GIRL'S DISCOVERIES

Published by Elective Social Studies B class at Yurinokidai J.H.S. No. 3

EXCUSEME.

—May I interview you?—

We interviewed some foreigners about the atomic bomb when we went to Nagasaki.
We interviewed two young men.

Question?
What did you think when you saw the pictures of the Atomic bomb in the museum?

Answer
We were shocked by the atomic bomb museum. It is very hard to imagine what it was really like when the bomb was dropped. So much pain and suffering!
Next we interviewed people in Nagasaki.

Question?
We are learning about peace now.
Do you have a message for us?

Answer
You have to learn about peace more.
And you should never make the cause of such an occurrance.
I want you to keep the next generation peaceful.

Impressions
I think it was very good.
I think these answers are important for us.

お二人にお尋ねしたいこと。

さんへ

1 ○なぜ当時のことを雅美さんに話そうとしたのですか。(1組)
2 ○鐵さんとの再会の時どのような気持ちでしたか。(2組)
3 ○原爆が落とされた後の町の様子は、どうでしたか。(2組)
4 ○戦争とは、忘れたい事ではなかったですか。(2組)
5 ○原爆を投下された後、長崎の町は、どのように復興していったのですか。(7組)
6 ○生きててよかったと思ったときは、どんなときですか。(3組)
7 ○戦争がおわったときどのような気持ちでしたか。(4組)
8 ○川原雅美さんの作った、ビデオを初めて見た時、どう思いましたか。(5組)
9 ○今の日本は、どうですか。(6組)
10 ○インドの核実験について、被爆者の方からの意見というものは、どのようなものでしょうか。(7組)

さんへ

○なぜ、「夏かたたび」を作ろうと思ったんですか。(1組)
○「夏かたたび」を完成したときは、どのような気持ちでしたか。(2組)
○アイ子さんに初めて、原爆について聞いたときは、どう思いましたか。(3組)
○「夏かたたび」は、どういう思いをこめて、作られたのですか。(4組)
○これからは、どのような活動をされるのですか。(5組)
○これから、私たちにできることはなにですか。(6組)
○今までに戦争のことを訴えてきて、よかった事は、ありましたか。(7組)

各クラスのインタビューしたい内容と事後英語選択で制作したインタビュー新聞

・領事館への手紙に対する返事

(4) 学校行事で必要となった国語学力

［表現能力］・メッセージをまとめる力―a 依頼やお礼の手紙文 b あいさつ c 聞き書きのメモ

・体験をまとめる力―a 感想文 b 意見文 c 短歌 d 俳句 e パンフレット

［理解能力］・ビデオや文章に書かれた内容等メッセージを理解する力

［情報探索能力］・聞き書きを行う力 ・インタビューを行う力

・資料を検索する力

3 表現指導の実際

(1) 学校行事を教材化するときに期待した国語の能力

最終的に育てていきたい国語の能力は、音声・文字の両面にわたる表現力である。求めたい言語技術を大きく括れば次のような形になる。

・私はあなたの○○をこう伝えたい ・私はあなたの○○についてこう考える。なぜなら○○

(2) 実践の概要

① 時期・対象 一九九八年六月～七月 中学三年生二七三名

② 単 元 名 総合単元「学年自主編成 現地での交流学習を通して平和を考える」

③ 学習材・道徳 ・ビデオ「夏ふたたび」

・「五〇年目の再会」

・現地における交流学習 ・国語科意見文記述資料 ・特別活動インタビュー

④　ねらい

ア　価値目標　伝えることの意義を体得し、伝えられる一人へと志向する態度を育てる。

イ　技能目標　説得の文章の書き方を身につける。

a　立場を明確にして書く

b　情報を織り込んだ論拠を示す

c　反論を予想し解決への道筋を示す

d　総括式の構成で書く

⑤　学習指導時間

※事後指導については国語の教科の指導にのみ限定して記述

ア　道徳における平和学習　四時間および課外の取り組み（事前指導）

イ　現地での交流学習　一時間一〇分（ビデオ一五分　交流四五分　その他一〇分）

ウ　国語表現における意見文学習　四時間（事後指導）・目的を確認し、新聞情報を用いた調べ学習を行う（一時間）・構想を立てる（一時間）・記述（一時間）・推敲し清書する（一時間）

（五）　学習活動の状況および反応の実際

1　学習指導の実際——課題条件法による表現指導

課題　長崎の地に立った者として、最近の核実験について考えることを述べる。

条件

1　次の四点をつかむために新聞情報を用いて調べ学習を行う。

(1)　事実をつかむ　(2)　事実の背景となる状況をつかむ　(3)　問題点をつかむ　(4)　解決の方向性をつかむ

2　四段落構成を基本とし、根拠を押さえて意見を述べる。

(1)　自分の意見・主張（立場を明確にして）　一段落

(2)　根拠・理由　二段落

(3)　「(1)」に対する対立意見・理由　三段落

(4)　「(3)」を乗り越えた主張（「(1)」の反復、ただし解決の方向を織り込んで）　四段落

3　題・氏名を含んで六〇〇字以内で記述する。

目的　次の時代を担う若者として、共に生きるための考えを伝え合い、学び合う。

相手　・MKさんへ　・奈良教育大学教育学部附属中学校の皆さんへ

文章の種類　意見文

文体　敬体

処理　文集としてまとめる

評価　相互評価　教師評価

活用　(1)　AKさん・MKさんへの送付

(2)　自分達で読み合い、平和を維持するための方向性と方法をとらえる

(3)　奈教大附中の皆さんへ声のメッセージとして届け、平和について交流し、より認識を深める

2　推敲学習

本時の目標　1　級友の作成した意見文の下書きを読み、聞き、推敲の観点を学ぶ
　　　　　　2　観点に照らして自分の意見文を推敲し、清書活動につなぐ

指導内容	
学習活動	指導上の留意点
1、本時の目標の確認。―推敲の観点に学び推敲する。	A　立場が明確か ・端的な切り込みである B　意見の根拠が十分に示されているか ・分かり易く独自性がある ・自分の体験がある
2、級友の意見文の下書きを読み工夫している点、推敲が必要な点を学ぶ。	C　反論を予想し、適切な対応ができているか ・新聞情報のリサーチにより、相手の立場とその主張が織り込まれている ・解決への道筋が示されている D　その他（構成、表現）
3、推敲の観点に照らしながら自分の意見文を推敲する。	・総括式の構成である ・正しい表記、文体の統一・文のねじれがない ・原稿用紙の正しい使い方 ・処理の方法 文集にして読み合う
4、清書の方法と手続きを確認する。	・相手に伝えやすい表記の方法――ボールペンを使用した清書活動 ・枠一杯の字の大きさで書く

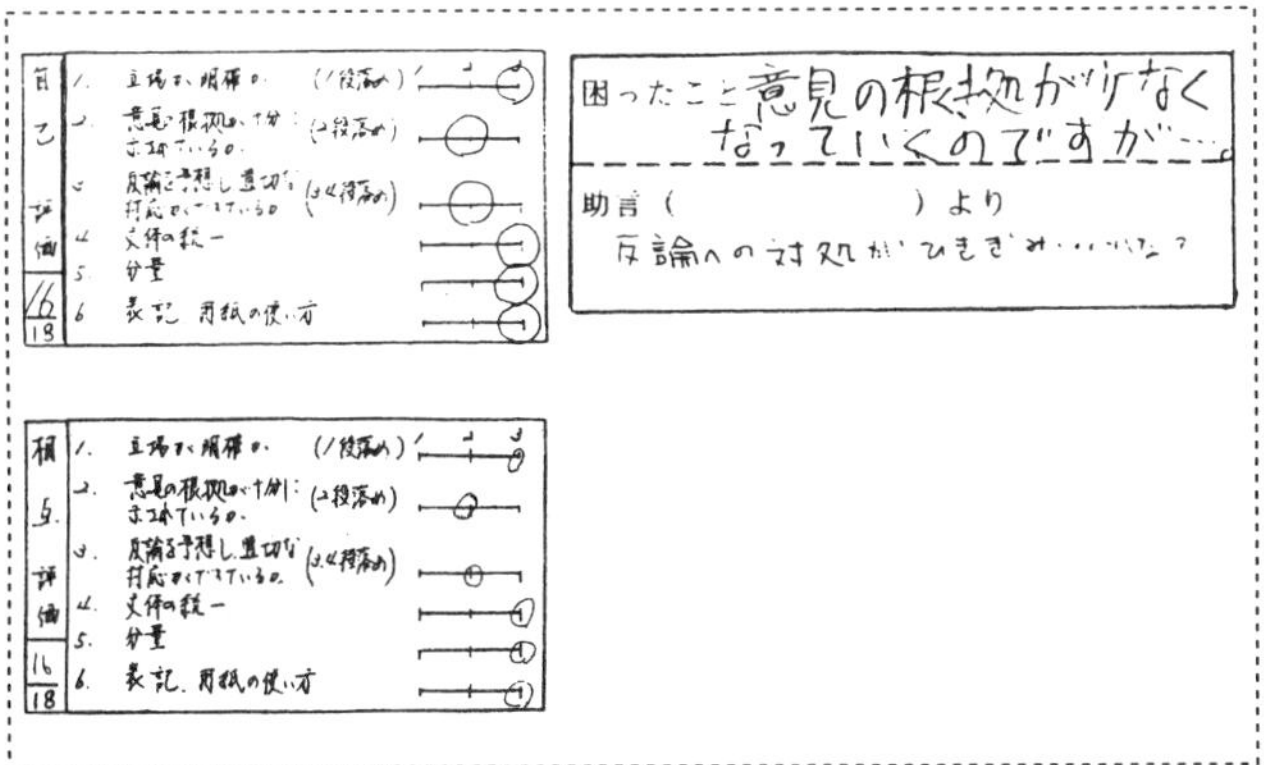

「相互推敲の例」二二四～二二五ページ他校への発信例の推敲票

3　反応の実際⑴――意見文記述例

意見文記述例①

AM

最近とても多くの核実験が行われています。私は核実験は必要ないと思うし、してはいけないことだと思います。たった一つの爆弾が、この世界中を苦しみ・悲しみの世界にしてしまいます。その爆弾を自分たちと同じ人間が作っているのを、許してはいけないと思うからです。

私は、長崎の原爆資料館で、原子爆弾の被害を受けた当時の写真を見ました。そこには、小さな子どもが全身まっ赤になった写真や子どもか大人かわからない姿の骨などの写真がありました。私はこれから先、この写真のような人を出したくないし、私自身もなりたくないので、やっぱり核は必要ないと思います。

でも、やっぱり核を持っていないと、「他国がもっているから、戦争になった時に自分の国が負けてしまう」という考えもあるかもしれません。それは、すごく他の国や世界のことをしっかり考えられていない国の考えだと思います。自分の国が核の被害を受けていないから、核の恐ろしさがわかっていないんだと思いました。核の恐ろしさをしっかり分かってもらえるように動かないといけないと思いました。

このように、私は、核実験や核を持つことに反対します。

意見文記述例②

唯一の被爆国

KT

インド、パキスタン両国は、核実験を日本を含む周囲の国々の反対をおしきり強行しました。僕は、このような被爆者の思いを踏みにじるような行為は断じてゆるせません。

被爆者の人達の中には、今もなお苦しんでいる人がいるのです。なのに核実験を強行するなんて、人間として道徳的に間違っていると思うからです。

しかし、「インドの核実験は世界に対して平和や核不拡散を説教しながら、その一方で自らは核兵器をためこんでいる国々へのメッセージだ（六月四日・朝日新聞朝刊）」とインドのバジパイ首相は、核実験の正当性を主張しています。

それについて僕は、核保有国に対するメッセージよりもっと大切なもの「命」について考えるべきではなかったかと思います。それに、首相の主張は矛盾しているので、ますます腹が立ちました。周りの国を非難しながらも、核反対に関する条約をすすめられているにも関わらず、決して結ぼうとしないのです（六月五日・朝日新聞夕刊）。

このように矛盾している核実験を日本は始めてはいけないと思います。核五大国が、この両国を核保有国として認めようが、日本が認めてはいけないと思います。なぜなら日本は世界でたった一つの被爆国なのだから…。

意見文記述例③

最近の核実験について考える

HS

最近、世界中の抗議の声もむなしく、インドそしてパキスタンが核実験を行いました。なぜ核を廃絶しないのでしょうか。

実際に今、被爆地広島、長崎の人々の途切れることのない悲しみ、そして戦争の悲惨さ、残酷さ、愚かさを核保有国は知る必要があります。それが核廃絶に向ける新たな一歩ではないでしょうか。

実際に今、被爆地広島、長崎では核抗議が行われています。「あんな苦しい思いは、私たちだけでいい」と訴え、パキスタンの核実験後、一層廃絶の叫びは強くなりました。核への不安と恐怖に、各地の怒りの声はたっしたのです。

しかし、「怒り」の声はインド、パキスタンには届いていません。そして、現実的に無理なことかもしれません。では、世界はこのまま核拡散に進むのでしょうか。世界中から上がった声も届かず、どうすれば止められるのでしょうか。私はまず、被爆国を知り、核廃絶を目指していくことに答えが見つけられるのだと思います。

また、核保有国が率先して核廃絶の動きを起こさなければ、いくら抗議や経済制裁をしたところで効果は薄いでしょう。「自分がこの世の中の改革者である。」という意志をしっかり持ちたいと思います。

意見文記述例④

核軍縮ではなく核廃絶を

MK

核は人を殺し、物を破壊するものです。核は平和な世界を作るのに不必要だと思います。だから、私は核実験に反対です。

その根拠の一つは、原爆が落とされた広島・長崎の被害です。実際に広島・長崎に行き、この目でみたものは私が想像していた以上に恐ろしいものでした。そして、五三年たった今でも被爆者の方々は後遺症に苦しみ大きな悲しみを背負っています。もう一つの根拠は、核実験を行えば他の国も対抗して核を作り、核実験を行うでしょう。このようにして核保有国が増えると、いつ核戦争が起こるか分からないからです。核戦争が始まれば、世界は破滅してしまいます。

しかし、パキスタンは自分の国を守るため核実験は避けがたいものだったと言っています。核を保有している五か国も、核による抑止論を根強くもっています。日本が求めている核廃絶まで視野に入っていません。

核はすべてを破壊し、大人だけでなく何も知らない幼い子供の命まで奪ってしまいます。核で戦争を終わらせたとしても、本当の解決にはなりません。真の平和な世界も生まれません。だから、核軍縮ではなく、核廃絶の話し合いを真剣にし、核廃絶の活動を積極的にしていくべきだと思います。

意見文記述例⑤

平和構想への道

TK

今また世界が大きく揺れています。インドとパキスタンの対立と核実験、遠方の国の問題としてではなく、自分たちの問題として解決する道を切り開いていくことが私達にできることです。

これは、核のおそろしさを知り戦争がどんなものかを知っている日本人の一人だからこそ行動できると思います。それと同時に相手の心を大切にする等身近にあることからも平和は守れると思います。

しかし、それとは逆にパキスタンでは、「核は平和の保障になる。」という意見が人々の間で信じられています。この意見に対して、「核は人の命を奪い平和とは全く逆方向に進んでいく。」ということを伝えていかなければならないと思います。そして和解できない理由を理解し、互いに共生し合える道を見つけていくことが大切だと思います。

核で自分の国力を見せつける、そんな方法よりもっとすばらしい方法はたくさんあります。今その一つのワールドカップが行われています。人と人チームとチームの後ろには、国の応援があり、そして何より相手を称え合うことができることを忘れてはいけないのです。それが最高の平和構想です。

そしてこの大きな揺れを止めるのも人の力の他に何もありません。

意見文記述例⑥

世界の問題

NI

五月二十八日午後三時、パキスタンは、カシミール紛争などで対立を深めている隣国インドへ対抗して核実験を行いました。私は核実験にはもちろん反対ですが、この問題はもっと深いものがあるように思います。

この問題の第一次的な責任はもちろん両国にあるのですが、「五ケ国だけに核保有を認める」という現在の核管理体制の弱さが表面化してきたのではないかと言われています。

そういう決まりなのに、核実験を行った両国が悪いと言われてしまえばそれまでですが、私はそうは思いません。核実験は良くないとは思いますが、両国の気持ちも少し分かる気がするからです。

私は、この問題はパキスタンやインドだけの問題ではなく、世界の問題として受け止めるべきだと思います。もちろん、自国のことしか考えない両国も悪いと思いますが、現在の核管理体制では、「私の国だって」と思ってしまうのは仕方のないことではないでしょうか。このままではいつまでたっても核はなくなりません。まわりの国は、パキスタンやインドを責めるだけでなく、今の世界の有り方を見直していくべきだと私は思います。

4 反応の実際(2)――意見文に添えたお礼の手紙文記述例

意見文と同時に交流学習に対するお礼の手紙文も全員で記述した。これら手紙文と意見文を送付することとなった。ただしあまりにも膨大な量のため、意見文については各クラス二点の送付という形をとった。

(1) 意見文に添えたお礼の手紙文記述例――学年全体として代表がまとめて送付した例

> ＡＫさん・ＭＫさんへ
>
> 先月は、私たちのために時間を割いて貴重な話をしていただき、ありがとうございました。お二人の話を聞いて、平和への認識を一層深めることができました。
>
> しかし、皮肉にもお話を聞いたその日に、核実験が行われたというニュースが流れました。そのニュースを旅館で聞いた私たちは、怒りをあらわにせずにはいられませんでした。そして、私たちは、その怒りとお二人の話から得たものを交えて、核に対する考えをこの意見文にまとめました。二百七十三人の全てが何度も推敲をくり返して作り上げた文です。今回送らせていただいたのは、そのほんの一部ですが、みな思いは同じです。ぜひ読んで下さい。そして、メッセージをいただけるとうれしいです。
>
> 本当にありがとうございました。私たちはずっと、ＡＫ・ＭＫさんとの出会いを忘れません。これから暑くなってきますが、元気でお過ごしください。
>
> 一九九八年七月一四日
>
> ゆりのき台中学校生徒一同

(2) 意見文に添えたお礼の手紙文記述例――個人としてまとめた二例

その①

AKさんへ

私は戦争をしたことはないし、恐ろしいくらいで、関係ないと思っていました。私は、戦争や原爆によってどれだけ心に大きな傷を残してしまったのか、この五〇年間ずっと苦しみ続けた人がいることを、知ろうともしていませんでした。

『夏ふたたび』を見た時、自分のこんな考えが非常に恥ずかしくなりました。『夏ふたたび』の中で、AKさんは原爆の恐ろしさを必死に訴えて下さいました。そして、人の命の重みとその命を助ける勇気を教えて下さいました。きっと思いだしたくない気持ちをおして、次の世代のMKさんや私たちの平和な世界のために語ってくれたのだと思います。

最近は「死ね」「殺す」などという言葉を簡単に使う人が多いと思います。決して使ってはならないのに。戦争で唯一学んだ、命の尊さと生きることの素晴らしさを忘れてしまったら、なにも残らないのではないでしょうか。長崎の地で感じたことや学んだことを生かし、次は私たちが少しでも多くの人に戦争の恐ろしさを伝えていきたいと思います。戦争や核保有をなくすために、必ず何か私にも出来ることがあると思うのです。AKさん、『夏ふたたび』を制作されたMKさん、他大勢の方に、本当に心から感謝しております。有難うございます。

IM

その②

MKさんへ

NI

私は、小学校のころからたくさん平和学習をしてきて、自分では戦争のことも原子爆弾のこともよく理解しているつもりでした。しかし、私が理解していたことは、あくまでも表面的なそういう事実があるというような事だったと思います。

ＭＫさんが制作された『夏ふたたび』や長崎での交流学習は今までの平和学習と違ってなんだか心に響くようなものを感じました。私の考えていた『原子爆弾』というのは世界では初めて日本に落とされたもので、たくさんの命を一度に奪った恐ろしいものという感じでした。でも私の考えていたもの以上に恐ろしいもので、五〇年以上もたった今でも、人々の心の傷は消えていないということを知り、絶対に忘れてはいけないし、許してはいけないと思いました。

最近、インドやパキスタンでも核実験が行われました。私はこれを世界全体の問題として考えていくべきであると考えています。もう二度と広島や長崎のような悲劇をおこさないためにも、もっともっと世界中の人に核の恐ろしさを訴えていかなければならないと私は思います。

ビデオや交流学習を通して得たものを活かせるよう、もっと勉強して、思うだけでなくＭＫさんのように行動にうつしていけたらいいなと思います。

5　反応の実際(3)――他校との交信例

同じく「平和の集い」という生徒会主催の継続的な平和学習を行っている奈良教育大学教育学部附属中学校（以下附中と記述する）に、全体から四点をクラスの代表が選び、送付の挨拶と共に声のメッセージとしてテープレコーダーに自分達で録音し、送信した。附中では二年生担当の植西浩一教官が「聞く・話す」に取り組んでいることもあり、また、取り組みの時期が一学期末という条件もあり、一時間内で受信・発信活動が可能な形で実践を行われた。

附中へ発信した意見文四例のうちの一例

YN

私たちが平和学習をした日に、また核実験が行われてしまいました。核実験はすぐに停止すべきで、核兵器も各国で廃絶しなければなりません。私はこの動きは至極当然の事だと思います。

核がもたらす放射能の影響は深刻です。人も動物も植物も、放射能によって病にかかり死んでしまいます。しかも、子孫にまで影響は続き、長い間、沢山の人を不幸にしてしまいます。

核を持っている国は、核は国の安全保持のために必要だといいます。そして、広島や長崎には、「核が使われなければ戦争は終わらなかった。」「日本も核を被爆しなかったはずだ。」ということを、お気の毒ですがと言葉を添えていうのです。このまま軍備拡張が続くならいずれどの国も兵器で埋めつくされ、国の安全保持など出来たものではありません。核は確かに戦争を終わらせたかのようですが、核を使わない方法もあったでしょう。

私は、核兵器で他国を脅かすという考え方は、道徳とも平和ともかけ離れていると思います。戦争がないことが平和ではありません。平和とは人が信じ合うことで創られるものです。平和の意味を世界中の人が正確にとらえられるようにするために、私たちは訴えていかなければなりません。

文信例—a

YNさんの意見を聞いて

附中　男子生徒

僕は、YNさんの意見を聞いて、とても共感しました。特に文中の「平和とは、戦争がないだけでなく、人が信じ合える事。」という意見から僕は、新しい考え方が生まれました。今まで、僕は核兵器や武器などをなくせば、平和がおとずれると簡単な気持ちでいたと思います。だけど、Ａさんの話の中で「人が信じ合える事」を聞いて自分の考え方を改めました。本当の平和というのは、武器がなくなるのではなく、人と人とが仲良く信じ合えることが一番求められていると思います。

だからこれからも平和について考えていきたいと思います。

文信例―b

平和についてのメッセージを聴いて

附中　男子生徒

僕は、あなた方の、平和へのメッセージを聴き、あらためて、核のことを考えるようになりました。

特に、ＹＮさんの意見文には感動しました。戦争をおわらせるのに、核以外の方法がいくらでもあったのではないか、核で戦争をおわらしたことは、へいわとは、かけはなれたものではないかという意見には、僕も同感です。武力で、戦争をしずめたということは、人々のあいだに、大きなみぞができて一見平和にみえて本当の平和ではないということだと僕は思います。それは、ＹＮさんの、戦争がないのが平和ではない、信じ合うことが平和だと思うという意見と同じことです。

平和について考えていくことは、すごく大切なことと思うので、これからも深く考えていこうと思います。

文信例―c

ＹＮさん・みなさんへ

附中　女子生徒

私も平和とは人が信じ合うものだと思います。やはり核保有国には、「一目」おいてしまいますし、疑いすらもってしまうとおもうのです。実験が最近すごく多く行われていますが、何を本当の目的としてやってると思いますか。私にはそれがわかりません。放射能という人の身体に害をおよぼすものを広島や長崎の方々はあびられました。

この放射能をあびて「しあわせ」になられた方などおられないと思います。なのに、このまま保持国が増え続けていけば、YNさんのおっしゃっているように不幸になる人も増え続けていくことでしょう。そうなると、これも同じようにはいぜつするべきです。保持国の人たちは、「自分の国のために…」といって持っているけれど武器をもっていることには違いないのです。これでよいのでしょうか? 疑問ばかりが出てきます。

ゆいいつの被爆国である日本、将来もしかしたら私たちの国も保有国になってしまうかもしれません。その時の態度に注意しなければならないと思います。

平和をみんながのぞきこむのであれば、「従う」「従われる」の立場をなくし、自分の意見を大切にし、人に左右されないことだと思います。このことを心がけ、次世代にも伝えていかなくてはならないでしょう。

6　反応の実際(4)——地域を越えた場への交信例

国語科表現技術としての意見文指導ではあったが、「3　反応の実際(1)——意見文記述例」のように真摯に意見を述べたものがほとんどであり、目的意識・相手意識の明確な文章であるだけに、「中学生の意見を届けよう」と考え七か国の領事館にAKさん、MKさんに送付したものと同じ記述例を送付した。送付先はクラスごとに決め、英文・和文の送付状を代表が書いた。

返信は期待していなかったが、ドイツ・アメリカの二国から届き、そのうちドイツ領事館からは、中学生が読みやすいように英文・和文両方のメッセージが届けられた。政治的な活動ではなく、見聞し、心を動かして意見を持ち発信したことへの反応であった。

大阪・神戸ドイツ連邦共和国総領事館　（約一〇分の一記載）

三田市立ゆりのき台中学校三年三組

様

拝啓　他の人から戦争について意見を聞き、自ら学ぶのは素晴らしい考えです。（略）恐ろしいのは何れにしても原爆だけではありません。戦争の恐怖の一部にすぎません。戦争全てが恐るべきものであり、どんなことがあっても避けねばなりません。お互いが殺し合うような事のないように、我々は十分に賢くなければなりません。いかなる兵器も使う事なく、皆様の心で、頭で、話したり、書いたりする事で、どうか平和のために「闘って下さい」。

敬具

平成一〇年八月六日

大阪・神戸ドイツ連邦共和国総領事館

次席総領事

イギリス大使館様

拝啓

梅雨も明け、日ごとに暑さが増していますが、貴殿はいかがお過ごしでしょうか。

つい先日、インド・パキスタン両国が核実験を行いました。しかもそれは、私たちが修学旅行で長崎を訪れ、平和学習をしていたさ中のことでした。

このことがあってから、私たちは核と平和についての認識を深めようと、この意見文を書きました。まだまだ幼く、浅い考えであるとは思いますが、これを読んでお返事をいただければ幸いです。

お忙しい中、ぶしつけなお願いではあると思いますが、貴殿のお返事をお待ちしております。

貴国の幸福と益々のご発展を心よりお祈りしています。

敬具

1998年7月17日

兵庫県三田市立ゆりのき台中学校

3年5組

To the Ambassador for Britain

We are Yurinokidai Junior High School studens in Hyogo Japan.

Recently, India and Pakistan did nuclear experiments, but we went to Nagasaki and learned about peace on a school trip that day.

Then we thought about peace and atomic bombs and we wrote our opinions. Our opinions may be young and shallow, but we will soon became adults of this global community so we will be glad to get your opinion on this matter.

May be you are busy, but could you hear our wishes. We're waiting for your letter.

We sincerely wish that your country will be happy and prosper.

July 17. 1998

The 3rd Grade students of Yurinokidai Junior High School

Sanda, Hyogo, Japan.

（六）　学習指導の評価と考察

1　学習指導の評価

本実践は、異年齢、他地域、他国という外的行動化をめざした試行的な相互交信例である。それは、現地におけるフィールドワーク、直接対話、調べ学習という学習者の活動によって成立し、教室外の他者と相互交信するという、「緊張」と「充実感」を伴う活動でもあった。そして、これら活動は「学習者の活力」を引き出すという点で、意味するものがあったと考えている。具体的には、「共感する」「考えが変わる」という交信例やドイツ総領事館等より「違った視点で考えてみなさい」という趣旨のメッセージがあり、生きた場での生きたコミュニケーション活動の設定が学習者相互に刺激を与え得るものととらえられる。

「柔軟でダイナミックな学習システム」への変換とそれを支える「社会認識に関わる題材」の準備、さらに「確かな国語科表現指導の技術」が、生徒の認識と活力を育て、「協力」のためのコミュニケーション能力を育て得るものであると本実践を通して考えている。

2　考察

⑴　「伝えたい思い」を支える国語科の技能

今回、七クラス二七〇名余りの全員の意見文の記述指導がまがりなりにも成立したのは、次の二点によると考える。

①　技能指導、即ち書き方の指導を短時間で行なえる準備があった。課題条件法の具体を「1　学習指導の実際――課題条件法による表現指導」において示したが、この学習法については、入学段階から折につけて提示し、習

熟している生徒も相当あると考える。

②　昨年度ディベートをもとに反論を予測して意見文を書くという学習活動を行い、文集作りも行った。今回の目的意識を明確にした意見文という観点から考えると、練習学習の意味を含んでの学習指導であった。題材も、クラスごとに三種類ずつ学習者の希望に沿って決定し、教室内で楽しく学習できるという基礎段階を踏んでいる。その時の「意見文の書き方」の積み上げが、書く力につながっている面もあるととらえられる。

今回、相互評価については、課題条件にそって次の六項目、また指導者評価については「題名」「資料の引用」を加えて八項目として設定した。

ア　立場が明確か　イ　意見の根拠の有無　ウ　反論予測と適切な対応　エ　文体の統一

オ　分量　カ　表記・用紙の使い方

これらの項目のうち「ウ　反論予測と適切な対応」については、情報の要約・取り込み、自分の意見の打ち出しという高いレベルの技能が要求されるために、三段階の評価基準のうち、「三」の到達段階を達成したのは一クラス三九人中一八人、「二」については一五人、「一」については六人であった。

体験による取材にとどまらず、新聞情報を使って幅広く取材し、意見を裏打ちする材料を準備するという手順と方法は、昨年度のディベートによる技能指導とともにそれなりの定着が図られつつあるとはとらえられるが、年に一度の学習指導では習熟度という点で問題が残ると考えた。それを支える技能をより的確に身につけさせる学習指導を練習学習的に行い、今回のような機能的な場で学習者の内燃力を活かせる国語科の基礎・基本に立ち戻った学習指導との連携が必要となると考える。

(2)　内燃力の育成に関して

一例の手紙文であるが、これも全員で書いたうちの一部である。深い形での「わかる」という心情のもと、書くという行為についていることが窺える。これは、現地でビデオの製作者と出会い、人に伝えたいという作者の思いに触発されたと考えられるし、また、ＡＫさんの生き抜いてこられた道筋に感銘を受け、伝えたい、あるいは自分に何ができるだろうかと学習者がより深く内化していったものと考えられる。

このように、「わかる」を支える人的学習環境の整備、また、それに続く視覚教材の準備は、学習者の心を開かせ、育てる学習環境作りとしてより有効に働いていると考えられよう。それは、文章表現指導の立場から見ると、「誰に」「何の為に」という相手意識、目的意識という内発動機を得る学習指導の準備が、既に成立した状態を作っているととらえることができる。意見文に書くという内発動機も、このような感銘のもとうまれていったととらえられる。

(3) **取材意識、取材内容に関して**

「(1)」の段階で内燃力が出てきた時点で、「何を」に関わる取材活動も一部成立しているととらえることができる。「新聞情報を使って」という指示内容に関してはほぼ何等かの形で外部の情報を取り込み、論点を立てることに有効に働いているものがほとんどであるととらえた。反論予測という観点に立つと、広い視野から取材しなければ記述できず、またタイムリーに情報が各紙面に掲載されていたという背景もあった。

(4) **他校との交信に関して**

「平和の集い」という形で継続して学習に取り組んでいる附中への発信は、学習者の表現意欲という点で意味を見出すことができた。実際に読み、聞いてもらえる相手があるということは、緊張感を伴いつつも書く意欲につながると感じた。また、短時間で成立する交信の指導法という点で新しい方法論を見出すこととなった。相手校の植西浩一教官から取り組み時間等のこともあり、伝え方としてテープに吹き込み声のメッセージとしてはどうかというアイディアをいただいた。一時間という取り組み時間の中で、同じ平和学習に取り組む他校のメッセージを聞き、それに対する考え感想を二〇〇字程度で書き、本校の生徒にその考えを伝えるという取り組みである。そこで、クラス代表が代表の文章四点を選び、挨拶の文章も自分達で考え、声のメッセージと共に入録して相手校へと送付した。身の丈ほどの文章であるが、実際にそれを受け止め聞いてもらえる相手があるということが、学習者の意欲喚起にこれほどまで大きく影響を与えるものであるということを強く感じた。

(5)　聞く力に関して

「(4)」に関連して、相手校である附中の学習者の「聞く力」ということにふれたい。二回のテープの聴き取りにより、感想・考えを書くということは、たやすいことではない。しかし、二クラスの学習者は、聞いた内容を踏まえて自分の考え、感想が書けているものが多く、一つに共通の題材で交信できる地盤があること、不断から「聞く」「書く」という学習指導の耕しがあることがうかがえた。これは、今後交信活動を行う上で、「交信する題材とその耕しの準備」、「聞く→書くという技能の耕し」が学習成立の大切な観点になるという示唆を得た。

(6)　展望を拓く意見文指導――系統表試案への追加

中学三年生の「主題・構想」の目標を「広い視野で自分や社会をながめ、事実を正しくとらえて考えを述べることができる。」と置いた。この根幹に関わる視点について揺るぎはないと考えるが、若干の付け加えが必要ではないかと考えた。

この試案自体の完成が一九九三年であり、冒頭で述べた「二　中学生の思考を育てることと意見文指導――ニューレトリックが示唆する意見文指導の今日的意義『協力のためのレトリック』の成立する社会への志向と意見文指導」という視点をまだ持ち得ていない時点での試案であった。今回、課題条件法の条件において、「(1)　自分の意見・主張（立場を明確にして）　一段落」「(2)　根拠・理由　二段落」「(3)　『(1)』に対する対立意見・理由　三段落」「(4)　『(3)』を乗り越えた主張（『(1)』の反復、ただし解決の方向を織り込んで）　四段落」と、四段落に「(4)　『(3)』を乗り越えた主張（『(1)』の反復、ただし解決の方向を織り込んで）」という条件設定を行った。感情論に終止するのではなく、具体的な提案の織り込みをすることが、意見を述べる値打ちであり、「協力のためのレトリック」となる。発信例の第四段落の「私は、核兵器で他国を脅かすという考え方は、道徳とも平和ともかけ離れていると思います。戦争がないことが平和ではありません。平和とは人が信じ合うことで創られるものです。平和の意味を世界中の人が正確にとらえられるようにするために、私たちは訴えていかなければなりません。」という視点に立った提案は、附中において一番の支持を得ていたが、柔軟でわかりやすい表現の裏に、感情論ではない本質的な提案が潜んでいることを聞き手も鋭くとらえたのではないかと考える。今回の実践を振り返って、「解決のための具体的な提案」という下位目標の文言を付け加えて、再検討を図りたい。

(7) 題材に関して

「すごい、自分も参加したい、なぜだろう、おかしい、腹立たしい、変えたい」→「伝えたい」

このように現地における体験、交流学習という学習者の内面に触れる場を設定することにより、「生き抜いてこられた方の心に響く言葉」を受ける機会が得られたと考える。一方、自分たちとあまり年が変わらない高校生、大学生の生き方、考え方に直接触れることにより、より深く平和を維持していこうという態度を育てられると考える。そのことは同時に、「なぜ平和の維持が難しいのか」という問題に対して、情報を集め、論拠を押さえて考え、伝え合うという表現方法を体得する動機づけにつながると考えた。

このように他領域と結び合う学習活動を準備し、学習環境を整備することは、生徒の心に感動や感銘、疑問という揺さぶりを作ることができる。それは、「ほんとうに分かる」ということに近づかせ、「分かったこと」を伝え合う言葉の力とその必要性に気づかせることにもつながると考えた。

政治・経済・環境問題と次代を担う生徒たちを取り巻く環境は厳しいものがある。中学生には中学生の認識があり、外に向かって訴えたいことがある。自分が世の中に関わって伝え、変えていこうとする一人となるための態度と方法を獲得させる必要がある。そのために、腹立たしく思ったことや不思議に思ったことを内発動機として真ん中に据え、単元を組んで調べ、考えていくことは、今後の単元創造にヒントを与えてくれるものがあると考える。ただし、今回のような世界情勢に関わり、政治のレベルに関する課題に対しては、事実の背後関係が見えにくく、思想・信条に関する面も懸念され、義務教育段階における国語科表現指導の範囲内での指導という限界はあると考える。しかし、「命」、「平和」、「環境」を考えるという生きることそのものに関わってどのような課題があり、その解決に向けてどのように真実を見極めていくのかという方法論を学習することは可能であり、大切な生きる力につながると考える。総合的学習の必要がいわれ、テーマに基づいて、調べ、相互交信するという学習が今後展開されていくと考えられる。それだけに、客観的に意図を伝え合う方法として説明的文章の「書き方」の指導が今後さらに重要となっていくと考える。

(8)　外部との交信に関して

対話を断絶させることなく、交信しつつ解決策を思考する真摯な中学生の姿や、大使館職員の熱い心を読み取ることができる。「(7)」とも関連するが、多様な視点、思考があり、また、考え方は違っていても、同じ課題で考えている同世代の存在や、意見を求められて直截的に応えられない内容ながら、その考えようとする態度そのものに温かいメッセージを返して下さる他国の「大人」の存在に気づかせてくれたと考える。

多くの方々の支えを戴きながら、機能的表現指導の意義と課題を見出すことができた。

(9)　学級文集・学年文集による処理

「(四)2(2)学校行事を教材化するときに期待できた教科のクロス」として、「社会」「技術」「英語」「道徳」「特活」「選択国語」「選択英語」があったが、最終的には、課外クラブである「技術部」が、校区の自治会のネットを

三年五組学級通信抄～長崎平和学習編～

国語科意見文集　テーマ　――最近の核実験について考えること――

目　次

使って修学旅行のホームページの作成を行った。一方、担任は、学習者の成果を学級通信という形でタイムリーに次々に学級内での交信活動を展開していった。

このような多様な学習活動の処理として、一年時から積み上げてきた文集製作という方法をとってみた。一つは学年文集であり、一つは、学級文集である。この学年文集は、実行委員会を中心とした学年教師の手によるものである。また、一つのクラスで、「五〇年目の再会を見てパート一～パート三」「三年五組一～六班平和宣言」「長崎での交流学習を通しての記録」「修学旅行を振り返ってパート一～パート四」とその取り組んでいった経緯が、学習者の表現と担任との交信という形でエネルギッシュに出されたため、一つの方法として学級通信と国語科の表現指導とを合体した形の文集製作を試みた。七クラス合同の文集製作では、費用とページ数の限定のため、そこまではできないからである。

右の資料はその目次である。

⑽　パンフレットによる処理

「⑼」の目次からも推測できるように学習者は多様な表現活動を展開しているが、二学期以後の国語科表現指導においては、文学的文章表現にも取り組んでいる。三年生という時間的な制約の中で、パンフレット作成という短時間でできる表現技術の学習指導に取り組んだ。この処理については、文化祭の場という相手意識を持った学習指導となった。「⑼」「⑽」共に処理の段階における特活との連携を図る中で二つの利点を得た。一つは学年職員の多様な力の総和を注ぎ込むことができること、一つは学習者が一つの作品を作り上げるまでの過程およびできあがった作品に対して、国語科担当以外からの声掛けや励ましを受けるられるという点である。一人の教科担任の力や発想の限界を超えて、学年の共有財産としての広がりを作るという中学校ならではの処理の可能性を今回強く感じた。この実践の概要は次の「二節」において報告したい。

(11) 文字表現、音声表現指導への可能性

次にあげる平和宣言は、七クラスの代表各二名によって作成されたものである。学校としての平和学習の縦糸をもっているため、昨年度の宣言文を参考に作成されている。と同時に各クラス、班で作り出された四九編の平和宣言の草稿の上に立つ、五〇編目の宣言文でもある。事実の認識、自分たちの行動化への道筋、決意を語りかける文章にするという目的を明確にした文章は、担任と共に生み出され、そして当日、生徒会の代表によって「群読」という形でメッセージが届けられることとなった。おそらく広島、長崎を訪れる学校の多くはこのような形で取り組んでいるかと思われるが、私自身の数回の修学旅行の中で、全ての班が創り出したのは初めてであった。学年職員の心意気と学習者の育ち、そして、何よりもそのような気持ちに高められた事前のビデオによる受信があったからと考える。さらに意見文を書き上げた後のお礼の手紙も相談しつつ書き上げていった。表現指導という視点でとらえなおした時、学習者の内燃力を高める学習指導の構成をどう創りあげるのかという視点に大きなヒントを得る機会ともなった。

① 平和宣言

　さん　　さんへ

先月は、私たちのために時間を割いて貴重な話をしていただき、ありがとうございました。お二人の話を聞いて、平和への認識を一層深めることができました。

しかし、皮肉にもお話しを聞いたその日に、核実験が行われたというニュースが流れました。そのニュースを旅館で聞いた私たちは、怒りをあらわにせずにはいられませんでした。

そして私たちは、その怒りとお二人の話から得たものを交えて、核に対する考えをこの意見文にまとめました。二百七十三人の全てが何度も推敲をくり返して作り上げた文です。今回送らせていただいたのは、そのほんの一部ですが、みな思いは同じです。ぜひ読んで下さい。そして、もしよければ、メッセージをいただけるとうれしいです。

本当にありがとうございました。私たちはずっと、　さんや　さんとの出会いを忘れません。これから暑くなってきますが、元気でお過ごしください。

一九九八年七月一四日
ゆりのき台中学校三年生一同

平和宣言

一瞬にして命を、家族を、そして未来もうばったあの出来事から五十三年・・・・・。

今、本当の平和はおとずれたのだろうか。
いや、まだ世界には核があり、戦争がある。
何故、争い、憎しみあうのだろうか。
戦争は何年たっても、深い悲しみしか残さないというのに・・。

今、唯一の被爆国、日本で、私たちは何を考え、何を学び、行動しなければならないのだろうか。

同じ空の下に生まれ、育ったものとして、あの八月九日の一瞬の出来事に目をつぶってはいけない。
この地球の未来を担うものとして。
今、この地長崎で学んだことを、まずとなりの人に話してみよう。そして、身近にある差別やいじめに目をかたむけ、なくしていこう。
それが平和のバトンの一歩目。

そのバトンを次の世代に渡せるよう、いつまでも平和を守り続ける一人となることを、私たちはここに宣言します。

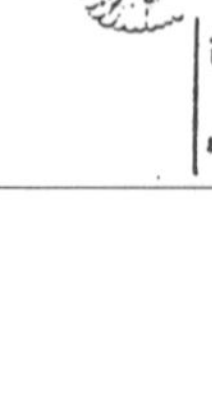

一瞬にして命を、家族を、そして未来もうばったあの出来事から五十三年……。

今、本当の平和はおとずれたのだろうか。いや、まだ世界には核があり、戦争がある。何故、争い、憎しみあうのだろうか。

戦争は何年たっても、深い悲しみしか残さないというのに。

今、唯一の被爆国、日本で、私たちは何を考え、何を学び、行動しなければならないのだろうか。

同じ空の下に生まれ、育ったものとして、あの八月九日の一瞬の出来事に目をつぶってはいけない。この地球の未来を担うものとして。

今、この地長崎で学んだことを、まずとなりの人に話してみよう。そして、身近にある差別やいじめに目をむけ、なくしていこう。

それが平和のバトンの一歩目。

そのバトンを次の世代に渡せるよう、いつまでも平和を守り続ける一人となることを、私たちはここに宣言します。

一九九八年五月二十八日　　　　ゆりのき台中学校生徒一同

② 学年として平和宣言を創り上げるために各クラス、班単位で創り上げた平和宣言（三年五組の例）

一班
命は一つしかありません。戦争というのは命をおもちゃ同然にしているのです。戦争で使う武器、道具、乗り物を全ての国が捨て、戦争のない平和な世の中にしていきたいです。そして、国の強い弱いにかかわらず毎日が楽しく過ごしていける国にしなければなりません。私達は戦争はもう昔のこととしか思っていません。「戦争はしてはいけない」とひと事のように、ただ思っているだけではいけません。本当に戦争をなくすには、自ら立ち上がっていき、戦争について一人ひとりがもっと真剣にたくさん学習していかなければいけないと思います。もう二度と同じあやまちをしてはいけません。私達は次の世代へ平和の尊さを伝えていくことを誓います。

二班

原爆は、人を傷つけるだけの物だから核を使ったり、戦争をしたりしてはいけないし、どこの国にもあってはいけない。だから、私たちは戦争の恐ろしさや悲しさを風化させることなく、いつまでも次の世代へ語り継ぎそして真剣に考えていかなければならない。そのために、平和の尊さを分かち合い、それにつながることで私たちのできる限りのことをつくしていきたい。そして、いつまでも平和であることを願い続けたい。

三班

「なぜ、戦争をおこすのか?」一部の人が巻き起こした争いは多くの人を苦しめ、最終的には自分たちも苦しめる。そんなことがあっていいのだろうか。私達は、これからももう二度と戦争を起こさないように、もっと戦争のことを知り、命の大切さと平和の尊さを理解し、伝えていかなければならない。そして、「日本は平和」ではなく、「世界中が平和」といえるような安心できるみんなが幸せな世界を実現させていきたい。

四班

平和という二文字はいつやってくるのだろうか。一人ひとりの胸の中では平和を願いそれを行動に移せば、平和に一歩また一歩と近づくだろう。みんなで階段をのぼっていく。

命がたくさんあれば、その人の数だけいろいろな人生もある。私達は、その重さを考えていかなければならない。この長崎の地で、この日本の地で、世界中の地で、二度と原爆の使用や戦争がおこらぬよう、私達は願い続ける。

五班

私達は、自分のいるところだけを見て「世界は平和なのだ」と思ってしまいます。しかし、そうではないのです。今こそ、将来世界中が平和になるように行動をとっていかなければならないのです。

今、世界は「核」で揺れ動いています。先日インドで核実験が行われました。私達はその行動について批判すべきです。何故、核兵器はなくならないのでしょうか。何故、お互いを信じることができないのでしょうか。核兵器は、戦争は、破壊と滅亡、そして何年たっても消えない深い悲しみしか残しません。核兵器を持っている国に、そして、次世代に、その恐ろしさを伝えていかなければならないのです。そのため、一つでも多くのことを知り、理解し、考えていこうと思います。

被爆者の方たちの死を無駄にしないようにこれ以上悲しみを重ねないように、平和をいつまでも守り続けることをここに誓います。

六班

人間は幸せをつかむ権利があります。戦争は絶対にしてはいけません。それなのに核を持っているとはどういうことなんでしょうか？　人が人を殺して何が楽しいのでしょうか？　みんな赤い血が流れているのに…。そして、今私達にできることとは何でしょうか？　そして、一人ひとりが自分には関係ないと思わず、平和の尊さ、命の尊さを知ることから始まるのです。そして、何よりも相手のことを大切にしなければなりません。それが平和へとつながるのです。五三年前の事実を世界に対しいつまでも発信し続け、そしていつか世界中が仲良くなって、あの歌にもあるように大きな輪をつくっていけることを望んでいます。

（注1）『意見文指導の研究』大西道雄　溪水社　一九九〇〔平成二〕年三月　七〜八ページ
（注2）国語教育研究所編『国語教育研究大辞典』「意見文」巳野欣一執筆　明治図書　一九八八〔昭和六三〕年三月　四三ページ
（注3）大西道雄　前掲書　二ページ
（注4）『表現学序説』輿水実　明治図書　一九六九〔昭和四四〕年　一四八ページ
（注5）波多野完治全集第3巻『現代のレトリック』小学館　一九九一〔平成三〕年三月　一七一ページ
（注6）波多野完治　前掲書　一七二ページ〜一七四ページ
（注7）『ハーバマスと現代』藤原保信・三島憲一・木前利秋編著　新評論　一九八七〔昭和六二〕年　一ページ
（注8）『競争社会をこえて　ノーコンテストの時代』アルフィ・コーン　青木啓・真水康樹訳　法政大学出版局　一九九四〔平成六〕年
（注9）本節は『増田信一先生退官記念論集』〔増田信一先生退官記念論集刊行委員会　二〇〇〇〔平成十二〕年　二六〜三二ページ〕より転載させて戴いた。

参考文献

『目的に応じた文章表現能力を伸ばす指導』西尾武雄・巳野欣一・吉岡恭子　奈良学芸大学附属中学校国語科編　一九六三〔昭和三八〕年
「意見文学習指導・試論」植西浩一　奈良教育大学教育学部附属中学校研究集録第二五集抜刷　一九九四〔平成六〕年

二　本作り、パンフレット作りの学習指導
——一年生転地学習・三年生修学旅行との連携——

（一）　生徒の表現学習の高まりをもたらす学習指導の組み方

1　行事と表現の基礎的学習

作文指導の一環として本作りを始めてから一三年程経過する。奉書という巻紙状の一本の和紙から、B六程度の大きさで二五ページ前後の本に仕立てるという、美術との合科のような本作りのスタイルをほとんど変えずに今日まで続けてきている。

(1)「私は、この本を作り始めたときは、あまりやる気になりませんでした。それは、私は作文を書くのが苦手だからです。でも、どんどん本を作っていくうちに、忘れかけていた転地学習の思い出が、一つひとつ思い出されてきました。そして、その思い出の一場面、一場面を思い浮かんだまま書きました。絵は、初めの方はきれいにやろうとしてやっていたけど、最後の方になるとザツになりました。でも、一生けん命に作りました。」

(2)「この本を作りながら転地学習の出来事をいろいろと思い出した。転地学習が終わってから何か月かたっていたので少し記憶がうすれかかっていたが、この本を書きながらその記憶が少しずつもどってきた。はり絵も思うようにいかなくなったり、字を何度も書き直したりと、失敗がつづいた。

本作りは大変だったが、転地学習の思い出がこの一冊の本に書き留められた。だから本作りをやってとてもよかったと思う。」

一年生の本のあとがきを二例引用したが、学習者も指導者も見通しがつくまでかなりの労力を要する本作りを継続してきたのは、作文嫌いの生徒に達成感、充実感を持たせられると感じられるからである。一年生の指導の場合は、機能的作文指導の場をもらいつつ、表現指導の基礎・基本をこの学習の中に織り込むことができ、三年間の表現指導の土台作りをする貴重な場となる。また、二年生、三年生の場合は、質的向上をねらうことができる。

「しんどそう」「面倒」という学習者もいる中、これまでまがりなりにも全員の作品の完成の手助けができたのは、次のような学習指導の形と方法を考えて実行してきたからではないかと考えている。

2　内燃力――行事の成功を生かす

行事そのものが成功しなければ書く意欲へとつながらない。同じ学年であるならば、まず、行事の成功に関わり、学習者の内燃力が出るよう見通しをつける。他学年の場合では、その学年から、「今年も作ってくれるのかな」という声がかかる時がそのタイミングである。「何のために」「何を」に関わる学年・学校行事との連携と考えている。

（二）　教材化の視点

1　イメージ化のための学習資料の準備――適要（模倣）法の活用

学習者が作ってみたい、指導者が作らせていきたいという作品を、「形」「内容」の両面にわたって準備する。「本作り」とそこに織り込む「内容」は、別々の学習技能が要求される。五〇分の時間の中で説明に時間をかけすぎると作業時間が保証できなくなる。したがって、一目瞭然の資料を準備しておく。過去の学習資料を準備するか、ない場合は手作りでイメージ化ができるようにする。

2　同心円状に広がる教室文化の力を生かす――机間巡視により良いモデルの発見とその交流を図る

四〇人の教室で同じ学習指導をしていると、どの教室もかなりの個人差が生じる。その場合、個別指導というよりも、その教室内で一歩・二歩先に行き、これはよいなと思える途中作品を取りあげ、短時間に途中評価をこまめに行う。この途中評価は「同じクラスのあの〇〇さんが」という形で池に広がる水紋のようにじわじわと教室文化を広げていく。

3　楽しさの加味――和紙で本格的に

作文だけの本にならないように、カット・レイアウトの指導にも力を入れ、本作りそのものを楽しませる。長期の保存にも耐えられ、また質感が楽しめるように和紙を使って本格的に製作する。

4　学年行事の報告の場を生かす処理

学年便りへの掲載、文化祭展示への出品という意欲のわく処理を行うことで、見て貰えるという意欲づけや担任の励まし、参観者からの言葉がけという生きた場の評価ももらえる。このように出口を持つ処理を見通した学習指導を展開する。

（三）　表現指導の実際

1　学習材

一九九九六年五月～一〇月における転地学習後の中学一年生二五〇名を対象とした学習材は次の①～⑧である。

① 先輩の製作した実例（見本）　② 先輩の製作した本文（見本）　③ 割り付け例

④ 本製作の手順を示した実例見本（黒板掲示用・模造紙二枚大）　⑤ 旅だより見本

⑥ 知識法と課題条件法による旅だより、俳句記述資料　⑦ 旅だより・俳句推敲票

⑧ 学習評価票

2　学習指導のねらい

(1) 価値目標　感動した体験を手作りの本に仕立てることで表現する楽しさを体得する。

(2) 技能目標

① 基本的技能を習得する。

本作りの手順と方法を知り、感動や記録のまとめ方の一方法を体得する。

a　表紙（裏表紙）、見返し、扉（まえがき）、本文、あとがき、奥付（著者紹介）、帯という本の構成を知る。

b　本文の構成を考え、目次を作成する。

c　見やすく、楽しい仕立にするためのカット・レイアウトの工夫を知り、活かす。

d　製本の方法を知る。

e　帯の作り方を知る。

② 基礎的技能を習得する。

短作文「旅だより」の記述と推敲学習を通して、練習する。

a　情景の切り取り方。

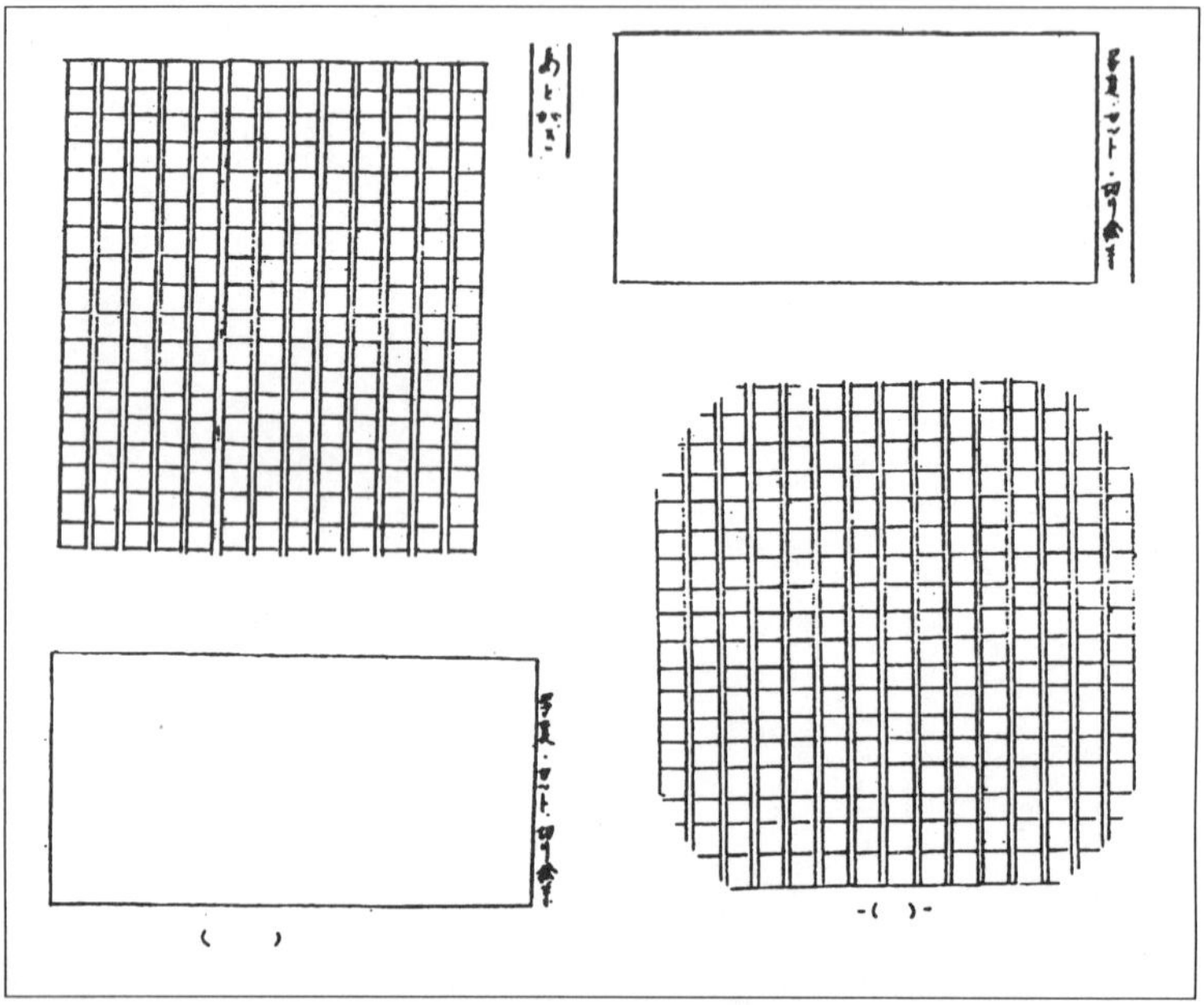

【レイアウトのための下敷き】

b　書き出しの工夫。
c　文体の統一。
d　修飾語（美しい・すごい）等を濫用しない表現の仕方。
e　段落一字下げ（書き出し・改行）の約束の確認。
f　縦書きの表記の約束（漢数字）と、基礎的な表記の約束の確認。
③　キャッチコピーの方法を知る。
a　各文の見出しの言葉の工夫。
b　題名の工夫。
c　帯の言葉の工夫。
④　扉のページに置く俳句（短詩）として感動を一七音に凝縮して表現できる。

（四）　学習活動の状況および反応の実際

1　本作り設計図から導く手順と方法

(1)　私の本作り設計図

【私の本作り設計図見本】

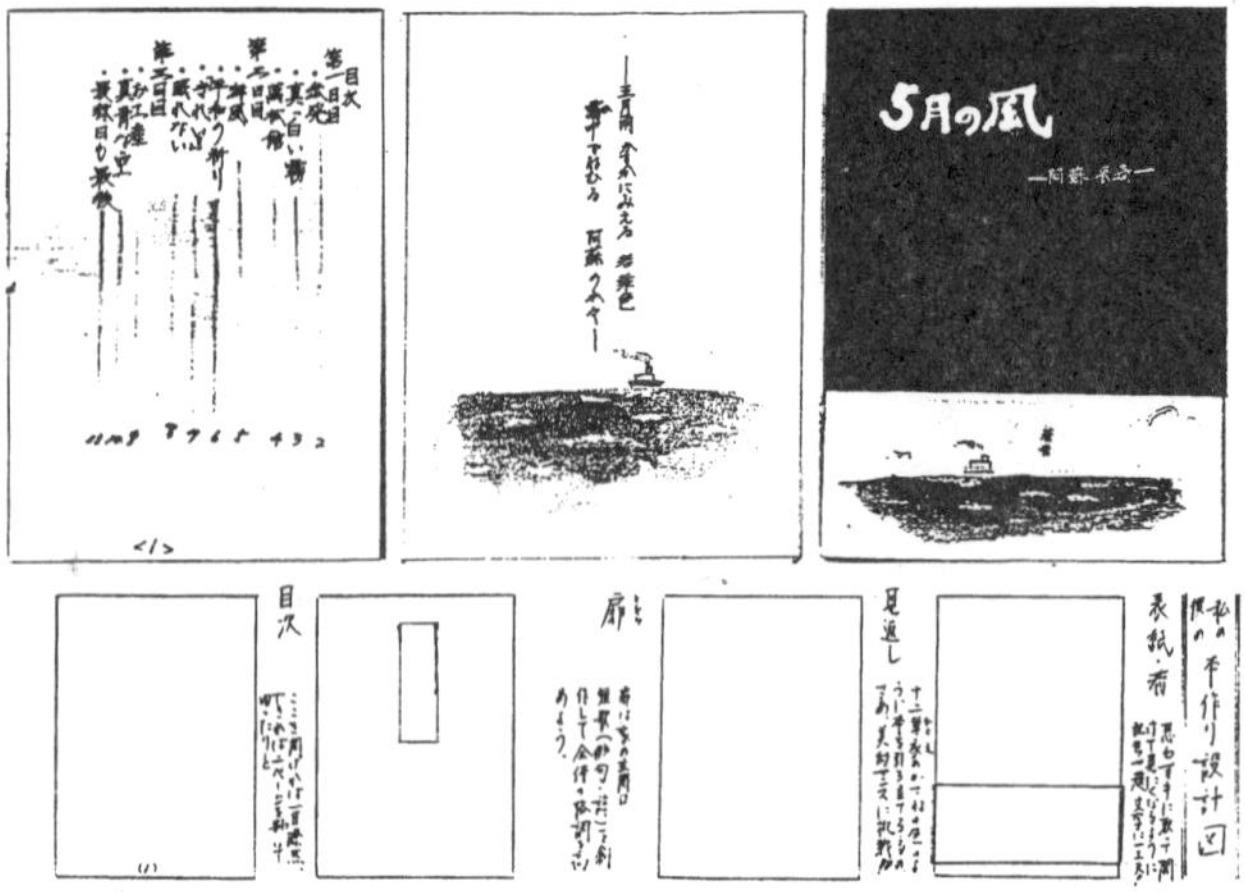

私の本作り設計図

表紙・帯　思わず手に取って開けてみたくなるように配色や題・文字に一工夫！

見返し　一二単衣のかさねの色のように本を引き立てるもの。さあ、美的センスに挑戦！

扉　扉は家の玄関口。短歌（俳句・詩）を創作して全体の格調を高めよう。

目次　ここを開ければ一目瞭然。できれば二ページを割いてゆったりと。

本文①　いよいよ本文の開始です。でも文章ばかりでは読みづらいもの。あらかじめどこにカット（写真や記念のスタンプ、はし袋、切符、チケット等）を入れるのか考えておくのが本作りのこつ。上の見本を参考にして、文章とカット等の構図を準備しておこう。

本文②～⑩　←　記述量に合わせてページ数を作って下さい。

※短歌や俳句を文章の中に入れる時は、行間をたっぷりとあけて！

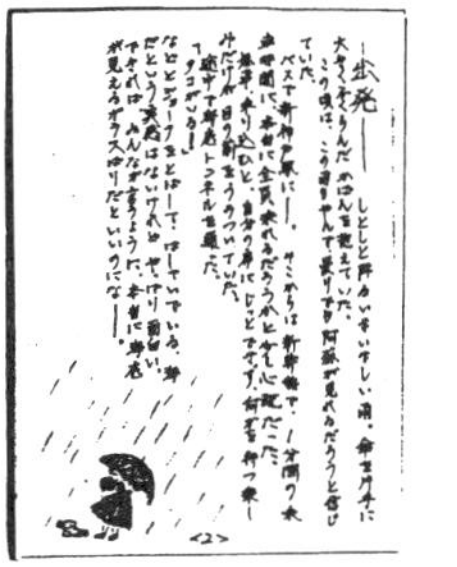

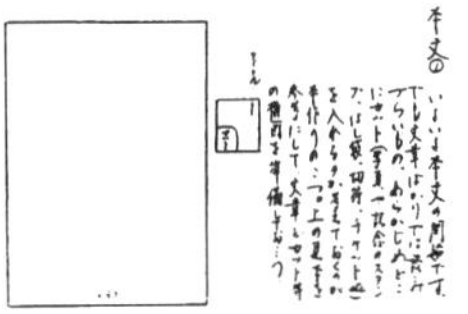

本文最終ページ

あとがき　本作りをした気持ちや本文の内容にふれて書いてみよう。できれば左ページ（偶数ページ）一枚で書こう！

奥付け　著者紹介を忘れずに、発行年月日も忘れないで。

(2) 作文の基礎的練習——旅だより　～相手に伝わる文章を書こう～

旅だより～相手に伝わる文章を書こう～

1　相手　佐津にいっていない人（転校した友等へ）

2　字数　一〇〇～一五〇字

3　段落　二～三

4　留意点　①　題の工夫　×　佐津にて　×　宿舎にて

②　書き出しの工夫　—印象的に　×　五月二八日（火）、私たちは佐津へ行きました

③　文体の統一　〈です・ます〉〈だ・である〉——どちらかに統一

④　相手に伝える工夫　×　とてもすばらしい　×　とてもおいしい　×　きれいな

どのようにすばらしいのか五感を使って表現する。

どこを切り取るのか　—印象的な情景、感動的な情景の切り取り

—一枚の写真にしたい空間にピントを当ててシャッターをきる！

(3) **推敲——表現を工夫しよう**

本作りの扉の表現を工夫しよう

A　佐津の海を見た時の感動が伝わる文章ですね。でももう一工夫、二工夫すればさらによくなるように思えます。記述時の留意点を思い出して推敲してみましょう。

B　次の俳句（短詩）どこがどうすばらしいかな

・みりん干しズブリズブリといわし切る
・波けった素足にあたる海の宝石

「きれいな海っ！」
思わず口にしちゃうくらい
きれいな海が一瞬見えた。
今、私は佐津へむかう電車の中で、
きれいな海や新しい体験に
胸をときめかしている。
あのきれいな海へ今にも
走り出したい気分。
きっとステキな転地学習に
なるハズ。あの美しい海が
待っててくれているから

左津に向かう
電車にて

（注）

(4) **先輩の製作した本文（見本）**

次の過去の実践からおこして本作りに際して全員に配付しているものである。一つの到達目標として出来上がりのイメージ化と、文章の書き方の見本としての意味を持たせている。

① 俳句と短歌を入れた紀行文の味わい。
② 場面変換の役割を持つ見出しの書き方。

③　書き出し・文体の統一等、作文の基礎技能のクリアーした例として補説を加えて使用している。

ああ　あこがれの新幹線

三年

今まで、人間のはるか上を走り去るのを、ながめるだけだった新幹線。その光り輝く車体を今、この目で見おまけに中にまで入れるとはああ、なんたる感激かな！と、顔半分を口にしてはしゃいでいたら、あやうく新幹線に置いていかれそうになってしまった。中味の物珍しいことは言うまでもない。トイレはあるし、御丁寧にカーテンまで！　自動ドアが気に入ってしまって、「わーい、わーい、自動ドアだー！」と、開けたり閉めたりを、四分程ひたすらくり返していた。

車内で食べる弁当は、何やら複雑な味……。

新幹線心帰るや握り飯

その後も、「わー、広島だ広島だー！」「わー、今、トンネルの上に魚がいるんだ！」と、あまりの珍しさに理性の尾を切らし、ひたすらはしゃいでいた私であった。

阿蘇の土産は白い霧

バスの窓が白一色になった時は、遺書の文面まで考えていた私だが、運転手さんは無事に火山博物館にバスを乗り入れてしまった。

素朴かつ雄大な阿蘇の四季の映画は、なかなか楽しい頭の持ち主が作ったらしく、私達が興味をそそる見せ方を実によく心得ていた。見終わって、目に星を散りばめて出てきた所に土産売り場があるなんて、全く心憎い演出だ。思わずあれにもこれにも手が出るではないか！　というわけで、あと二日も持ち歩かなければいけないというのに、家族全員の土産を買いこんでしまい、肩にくい込む荷物の重さに堪えながら、バスに転がりこむ私であった。

旅人の宿萬松館

若い旅人達が宿に入ると、上品な琴の音色が出迎えてくれた。父の持っている家のカタログを盗み見て、少しばかり興味のある私は、この宿をとっくりと観察した。廊下の壁のところどころに小さなスペースがあって花が生けてあり、一首そえてある。宿の人の小さな心遣いが気持ちを和ませる。

けぶる野に燃ゆる一点五月花

宿が、くの字形のためどの部屋からも美しいサツキを見ることができるのだ。これで売店のキツネのメモばさみが散らかってなきゃ、満点だったのに…と思いながら眠りにつく私であった。

床にいて鈴ふるごとくかわずなく

孝行娘の旅だより

前略

こんにちは、お元気ですか。私は死ぬほど元気です。

お父さんに、阿蘇は霧で見えなかったけど、火山博物館で、噴火の様子見てきたよ（音つきで）いいだろーって言っといて下さい。

親こーこーな娘より

一致団結バスの中

我々はひまわりのような明るいガイドさんに恵まれて、一致団結してしまった。(寝ていた人は知らないが) ちょっとした車数えゲームも、大うけ大好評。車内の盛りあがりようは、忘年会なみだった。

私が興味をひかれたのは「漢字クイズ」。「气气」と書いて何と読むか？　「ききめがない」である。「火乂」とはなんぞや？　なんと「チャンネル」だそうな。案外、総理大臣さんに解かせたら解けないんじゃなかろか、とまどろみながら思う私であった。

長崎の店夢の中

土産売り場は通勤電車なみのラッシュアワーだった。私の財布はすでにからだったので、私はこの世にも見事なギヤマン達を、一つ残らず目で買って帰ってやろうと、店内をかけた。

夕焼け色のコップ、ゆれる風鈴、棚という棚をうめつくす色とりどりの鉢や皿……。さしずめ、夢か幻か、おとぎ話かといったところ。

――しかし、ただ一つ残念だったこと。ついに外人さんと話せなかった……うっ、と、ちょっぴり心残りな私であった。

やわらかなステンドグラスの輝きに二十と六の霊もなぐさむ

「光消えゆく　資料館」

そびえ立つ、れんがの壁も、ものものし心すくみつ足を踏み出す

原爆資料館に入るときは、さすがに私も足がにぶった。

ゆっくり見ているひまは無かったが、それでも幾枚かの写真がまぶたに焼きついた。それは、何もかもことごとく破壊された風景なんかではなかった。子供達の目だったのだ。我が家の弟たちの、好奇心と冒険心に輝く目と違って、この子達の目は、何てうつろなんだろう。無気力で、空っぽの瞳。――原爆は、この地から、すべての輝きを奪い去ってしまった。緑の葉の輝きも、泉の水の輝きも、そして、子供達の瞳の輝きも……。鉛色に濁る心をひきずって、帰途をたどる私であった。

災天に心無くして立つ子かな

くじは太宰府皆夢中

三日目の太宰府では、皆が皆おみくじやお守り買いに夢中だった。しかし私は以前から、神仏、くじ類をあまり好いていなかったのでおみくじはひかなかった。おみくじなんて、「お」と「み」をとればただのくじ。そこらへんのあみだくじと変わりはしない。ようは人間の弱さが問題だ。受験は不安だけど、大丈夫お守りがついているもの、等と言って、自分にない力をお守りに求める。――なァんて、えらそうに言ってみても、結局私もお守り買ったもんなぁ…と、苦笑いする私であった。

我が家はなつかし帰り路

暗闇に、見慣れた景色を探し求めただひたすらに窓を見つめる。バスはすみれの空の下を走っていた。バスの中では、さまざまな表情の旅人達が、それぞれの我が家を思っていた。遅い！　バスの速さがもどかしい。信号無視してつっ走りたい！。

早く！　早く！　早く！

どんなに長崎が美しくても、珍しくても、わきあがる望郷の思い、おさえることができない。

早く！　早く！

土産袋をしっかり抱え、土産話のあらすじなど考えている、やっぱり我が家恋しの私であった。

小さくともやはり我が家は我が家かな

2　反応の実際

(1)　三九人の旅だよりの題——ねらい　キャッチコピーの方法を知る

a　各文の見出しの言葉の工夫　b　題名の工夫　c　帯の言葉の工夫への技能の転移

a	b	c
心のあいさつ	佐津に行って	すきとおるような海
佐津の凪	すばらしい佐津	ほんとにびっくり地曳網
印象に残った事	海・空・砂の色より	青い広い
焼ける砂浜にて	海のおいしさ	佐津の豊かな自然
初めて会った佐津の海にて	地曳網	夢の海にて
一言	新しい友達と行った転地学習にて	すんだ海にて
佐津の海、青い海	青くきれいな海にて	思い出の海岸、佐津にて
佐津の海やさしい心	ワッショイワッショイ地曳網	夜の道にて
いつも食べているもの魚	電車の中から見た海	光る海
じびきあみ	佐津の海	今の佐津より

どう思います?
透き通る海

自然
太助の人たちとのふれあい

フォークダンスの火
佐津の思い出

(2) 三九人の旅だより　書き出しの一~二文（推敲後）――ねらい　基礎的技能を習得する

a　情景の切り取り方　b　書き出しの工夫　c　文体の統一

d　修飾語（美しい・すごい）等を濫用しない表現の仕方

e　段落一字下げ（書き出し・改行）の約束の確認

f　縦書きの表記の約束（漢数字）と、基礎的な表記の約束の確認

三九人の旅だより　書き出しの一~二文

・風の音かな?と思ってよく聞いたら、波の音だった。
・「うわーっ。」まっさおの佐津の海、思わず心の中いっぱい叫んでしまうほどきれいでした。
・長い電車（の旅）が終わって、「佐津という所はどんな所なんだろ?」という思いとともに佐津につきました。
・いつも食べている魚だが、あんなに気持ちが悪いとは思わなかった。
・じびきあみを初めてやってどんどんあみをひいているうちにワクワクしてくる。
・ギラギラと海へ向け光を放つ太陽、サラサラとした砂。
・佐津に行って一番いんしょうに残ったことは、食べ物がおいしい事です。
・「うわぁ~っきれいだなぁ~っ。」佐津の海を初めて見た時だれもが、この言葉をくちずさんだ。
・「ザワー　ジャブーン」と波の音と風のにおいの中、くんくんと魚のにおいがした。
・転地学習で一番心に残ったのが地曳網だった。

・「おーい早く砂浜こいよー。」と言われぼくはいった。ここは佐津の海岸。
・佐津の海はきれいで青くてすき通る程です。
・ワッショイワッショイ、つな引く声、ワッセワッセ網見える。
・電車の中から見たキレイな海。思わず声がでた。「わあ。」
・佐津の海はとてもすきとおっていて浅い所だと底が見えるぐらいきれいだった。
・みりん干し実習や地曳網の時お世話になった太助の人たち。
・「きれーい。」佐津の海の第一印象はこれでした。
・「わっせ、わっせ」みんなでひいた地曳網。
・「ザザー。」静かに波がうち寄せる中、「ワッショイワッショイ。」と力を合わせてつなを引く。
・「あっ！」その一言しか出なかった。
・私は、初め佐津に行く時、ドキドキした。「どんな所なのか。」と思いながら。
・「ゲロゲロゲロ。」カエルの苦手な私はきもだめしの時、カエルの鳴き声にこわくなった。
・「ザァン…ザザザン……」瀬戸内海など較べ物にならないほど青く、すきとおった佐津の海。
・初めて行った佐津の海。白の砂浜、海の生き物、なにもかもぼくには初めて見るものだった。
・佐津ってどんな所かなー？　電車の中で、ずっと考えていた。

(3)　扉に載せる俳句（短詩）　一組三五人全員分の作品（推敲後）

――ねらい　扉に載せる俳句（短詩）として、感動を一七音に凝縮して表現できる

扉の俳句（短詩）

波の音思い出の音佐津の海　HO
思い出をいっぱいくれた佐津の海　KI
佐津の海心の中の宝箱　HT
目をつむり耳をすませば波の音　AD
海がみえ心はすでに佐津の町　NI
近づけば波音ひびく佐津の浜　YT

風の音広がる海と遠き山　SM

魚さばくおばちゃん早いなやっぱプロ　UH
みりん干し魚を切ったら血の海だ　UK
みりん干しなかなか切れないいわしたち　SI
おかみさんしょう油べたべたみりん干し　ET

海の波きれいな砂をおよがせる　SK

佐津の海波が音をたて風すずし　KT
青い海夏を呼び出せ木々の色　YS
佐津の海季節忘れる水の冷たさ　HT
砂の山波がザァとさらってく　MM
佐津の海自然が守る水の色　MK

魚こいひっぱれひっぱれ地引網　NH
地曳網海に向かって綱引きだ　HK
地曳網力を合わせひっぱるぞ　HM
地曳網いかがとれたぞすみが飛ぶ　AT
地曳網透き通る海目にしみる　SH
地曳網浜辺に残るサンダルのあと　KM

大きな火みんなの笑顔照らしてる　MK
火がともる光輝くみんなの力　KH

先生が底まで見える海に消ゆ　KK
遊ぶ瞬海の香りを運ぶ風　TW
水あそびしぶきピチャピチャはずむ声　AK
佐津の海むこう岸までいきたいな　MI
自由時間みんなでワーワー水遊び　TA

火の光永遠のダイヤをちりばめる　AM
夜の浜昼間のぬくもり残る砂　SM
あたたかいごはんの味と与平治さん　TK
与平治からながめる海は別世界　AI
さようなら佐津へ必ずまた来るよ　HT

(4) 本作り学習相互評価票――五段階の到達評価

（各項目を色鉛筆で下の段からグラフの形に塗りあげて、全体が見えるようにしたもの）

本作りの実際（冒頭部と末尾掲載）

本作り学習相互評価票　評価者　一年　組　番　氏名（　・　）

キャッチコピー	題名の工夫					
	帯の言葉の工夫					
俳句	扉に使った俳句の工夫					
	（扉以外にも創作した場合、その工夫）					
キャッチコピー	目次の言葉（各題名）の工夫					
本文	書き出しの工夫					
	文体の統一					
	修飾語（美しい・すごい）等が濫用されていない					
	段落一字下げ（書き出し・改行）					
	表記のミス（誤字・脱字・漢数字・送り仮名のミス）					
後書き著者紹介						
文字	文字の読みやすさへの配慮					
カット	表紙・帯・見出しの出来栄え					
	本文のカット・レイアウトの工夫					
レイアウト	後書き・著者紹介の工夫					
総合	文字の読みやすさへの配慮					
期日内への意識	下書きの準備（八枚綴り）					
	三・四頁への取り組み					
	カット等絵の創作への取り組み					
	文化祭出品への取り組み					

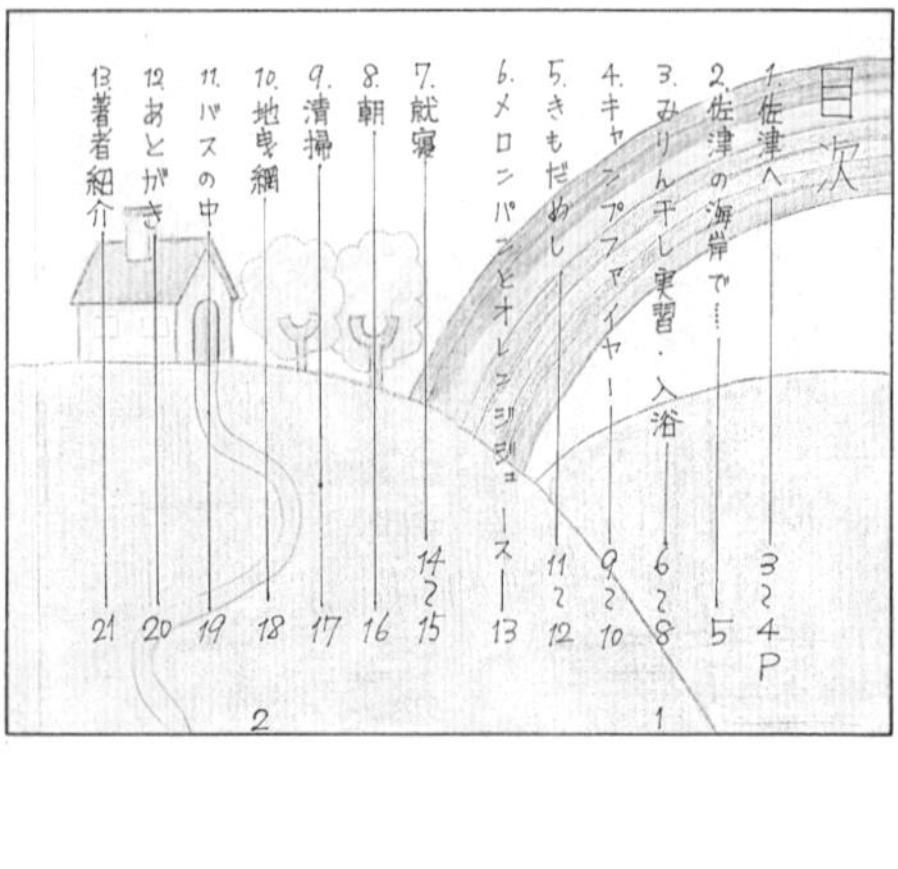

地曳網
まだかまだかと

(5)　本作り学習自己評価票

本作り学習自己評価票　　一年　組　番　氏名

本作りを通して学んだことはどんなことですか。また、どんなことに苦心しましたか。

学んだこと

苦心したこと

他の作品を見て学んだことはどんなことですか。

今後、本作りで作ってみたい内容として何があるでしょうか。次から選んで○をつけなさい。

1、創作民話　2、マイアンソロジー（詩集）

3、自分史　4、その他

（五）　学習指導の評価と考察

1　学習指導の評価

二五〇〇名余りが、思い思いの帯をつけてまさしく「世界で一冊しかない本」を完成させることができた。学年行事の成功と、「何を」「どのように」という学習資料の整備と落ち着いた教室環境、文化祭という発表の場等、多くの

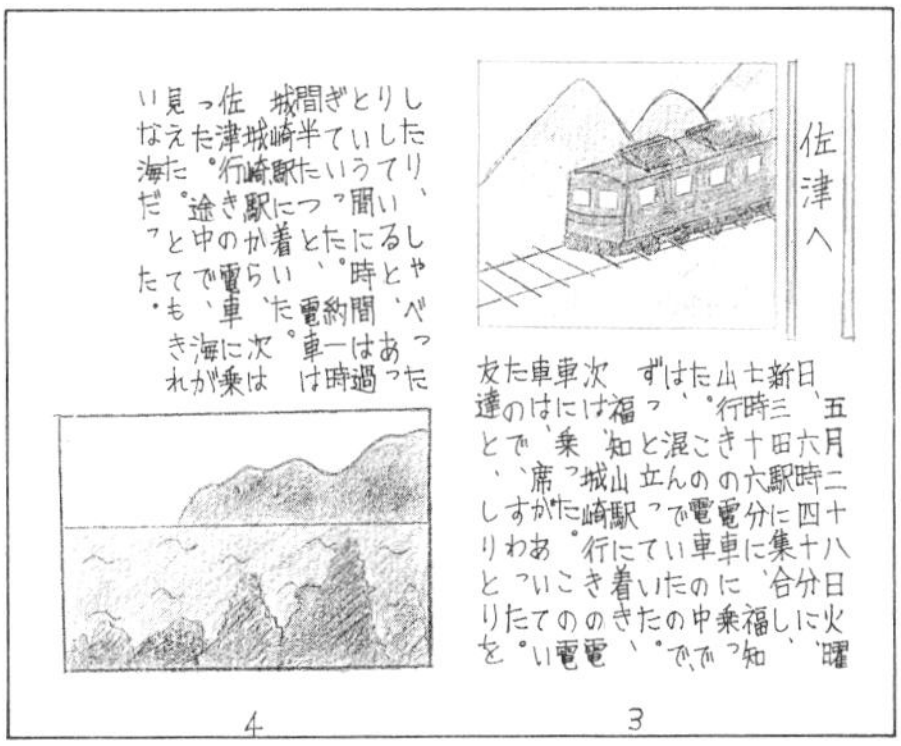

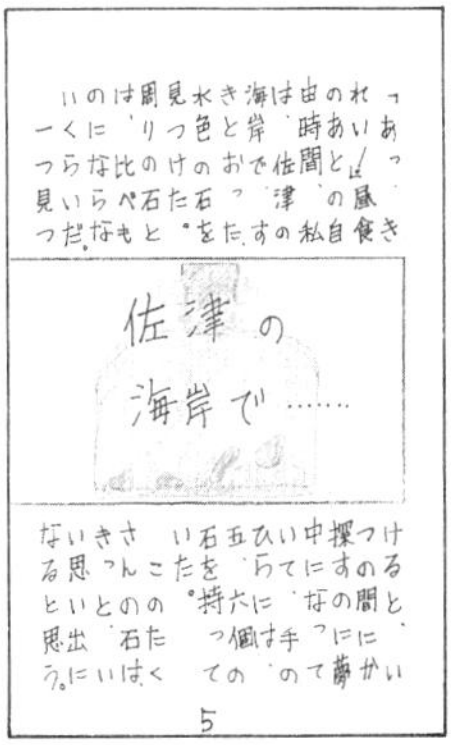

要因がいい方向で絡み合って、一本の巻紙から本作りを完成させたと考える。

また、その中に、中学一年生の国語科作文の基礎的技能をある程度織り込むことができ、学習者にも、内容、形ともにある程度の達成感を持たせることができたと考える。

2　考察

(1)　本作りの観点から

過去の作品と比較した時、レイアウト用紙の配付が、文字だらけの本になることを防いでくれた。また、文字の大きさをそろえることができた。全体の構図が、出来上がりの満足感に大きく響くと考えるので、まずレイアウトの指導から入ることが大切であると考える。

関連して、ちぎり絵、クレヨン、絵の具、色鉛筆等小学校で身につけた表現技法を駆使した作品が多かった。過去には作文を先に記述させ、絵はあとからであったが、先に本作りを先行させた方が、意欲と取り組みという点でよいのではないかと考える。

(2)　作文指導の観点から

ア　題名、帯の言葉、扉の俳句（短詩）、目次と本文の最初の二ページの表現指導に重点をおいた指導を展開した。清書の前に相互推敲を取り入れ、表記や文体の統一を図ったが、一人につき二～三か所から七、八か所の表記

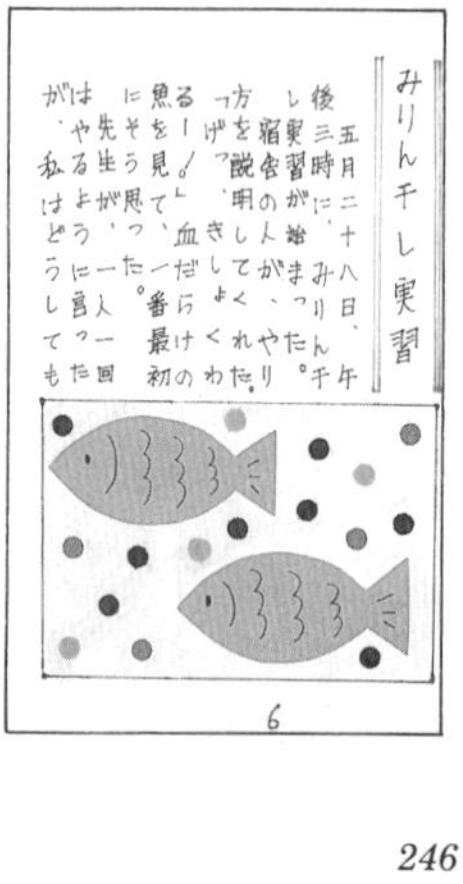

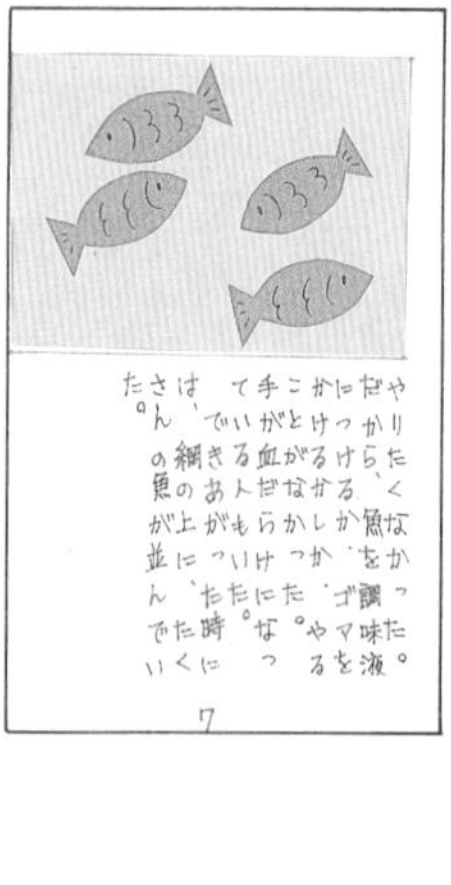

ミスや文体の不統一があった。転移力という点で、問題を残した。

イ　キャッチ・コピー、俳句（短詩）という点では、過去の指導よりも充実したものが多くできていたと考える。学年の起ち上がりから計画的に段階を追って指導していったことがよかったのではないかと考える。

　本作りの題名と帯のキャッチ・コピー、扉の俳句（短詩）は膨大な量となるため稿を改めて報告したい。

ウ　国語科において週一時間の特設作文の時間の設定により、「本作り」という作文の形態指導と共に、国語科表現の基礎的な指導を計画的に段階を追って指導することができた。表現指導の充実と年間計画、それを保証する時間の設定という点で大きな示唆を受けた。一方、一般化のためには短時間で達成させる指導をさらに考案する必要もあると考える。

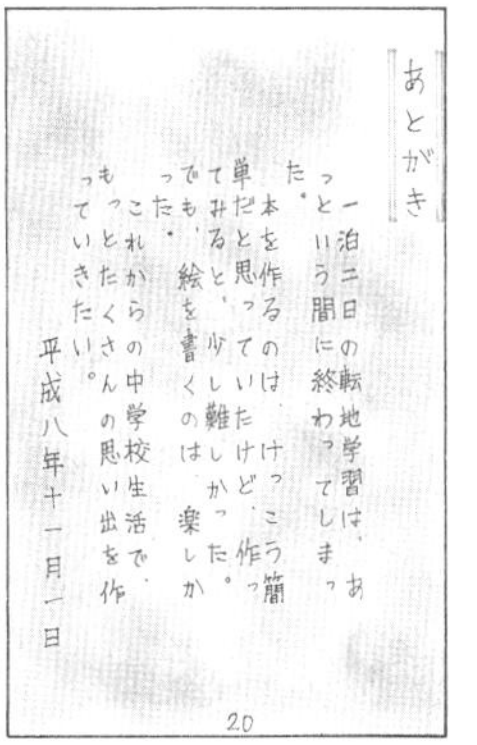

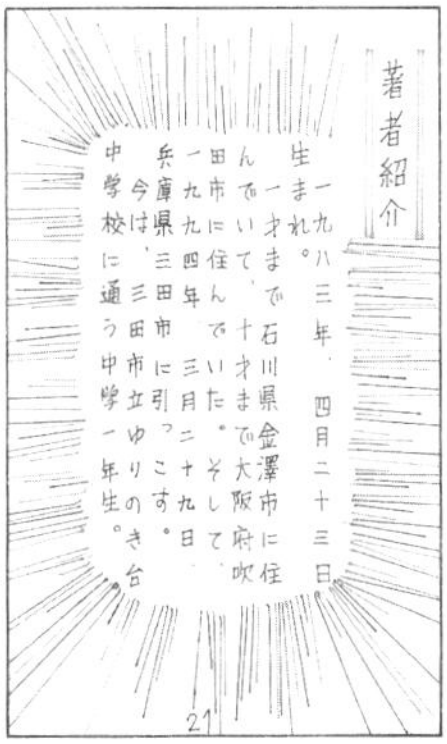

（六） パンフレット作りへの発展指導

1 先達に学ぶ

「(五)」の「2 考察 (2)のウ」で触れたが、本作りの最大の課題は、時間のことである。ことに三年生の二学期は時間とのせめぎあいとなる。私自身は、この課題をパンフレット作りという新しい表現方法の開発で解消できた。要は指導事項を絞り込み、コンパクトでありながら達成感をどう感じさせるかという問題である。このヒントは、夏休みの泊を伴う研究会のホテルのロビーで、表現指導の先達の巳野欣一先生に戴いたものである。

発想、指導の手順の詳細は、「本作り」とほぼ重なるため省略し、どのように教材化への手順を図り実践に載せていったのかという点と、出来上がった作品の紹介と考察のみ報告したい。

2 教材化への手順

(1) 指導者が準備したもの

ア ホテル等で入手したパンフレットの実例六種類 イ 実物のパンフレットを参考に作成した割り付け例（「三枚開き」、「観音開き」）

観音開き 表

観音開き 裏

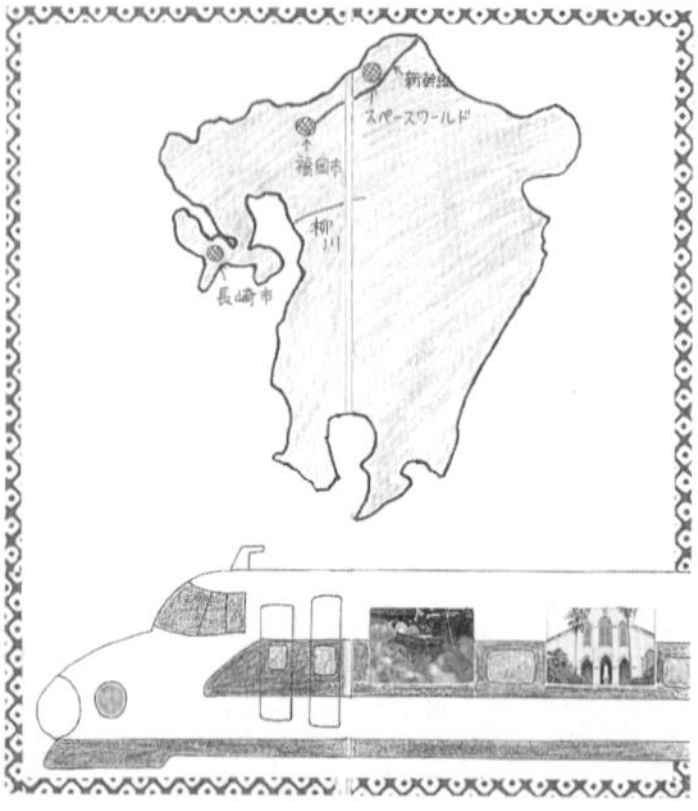

ウ　白表紙一人一枚（Ｂ五）と色画用紙一二種類　エ　学習評価票

(2)　**学習者が準備したもの**

ア　修学旅行後に創作した短歌と俳句（詩）　イ　旅行中に収集した思い出の小物（土産物の包み紙、箸袋や切符、入場券、しおり、パンフレット、広告、写真等）

(3)　**学習指導計画**（創作手順）（全五時間と家庭での作業）

①　九月中旬に次の課題条件を示し、体育大会後の十月に創作に取り組むことを知る。（事前一時間）

「パンフレット作りの課題条件」

課題　修学旅行の思い出をパンフレット作りで残すことを知り構想を練る

条件

(1)　構成①―分量

観音開きの場合表紙を入れて最大八構成、三枚開きの場合、最大六構成になることを知り、情報量を考えてどちらの方法を選択するか考える。

(2)　構成②―表現効果

どちらのパターンにも縦使い横使いのあることを知り、どの使い方が効果的な使い方になるかを考える。

(3)　構成③―構成の課題

観音開き裏（四枚全開）

パンフレット作りに織り込む条件を知り、それに沿った構想、構成を考える。

ア　表紙の言葉をキャッチコピーとする。

×長崎　×長崎の思い出

イ　パンフレットには必ず一つ以上の短歌と俳句（詩）を印象的に載せ、文学の香りを感じさせるものにする。

(4)　処理

出来上がった作品は文化祭に出品し、修学旅行の報告とする。

(5)　評価—評価項目

表紙で使ったキャッチコピー、短歌と俳句（詩）全体の構成、提出期日を評価項目とし、相互評価、指導者評価とする。

観音開き裏（四枚全開）

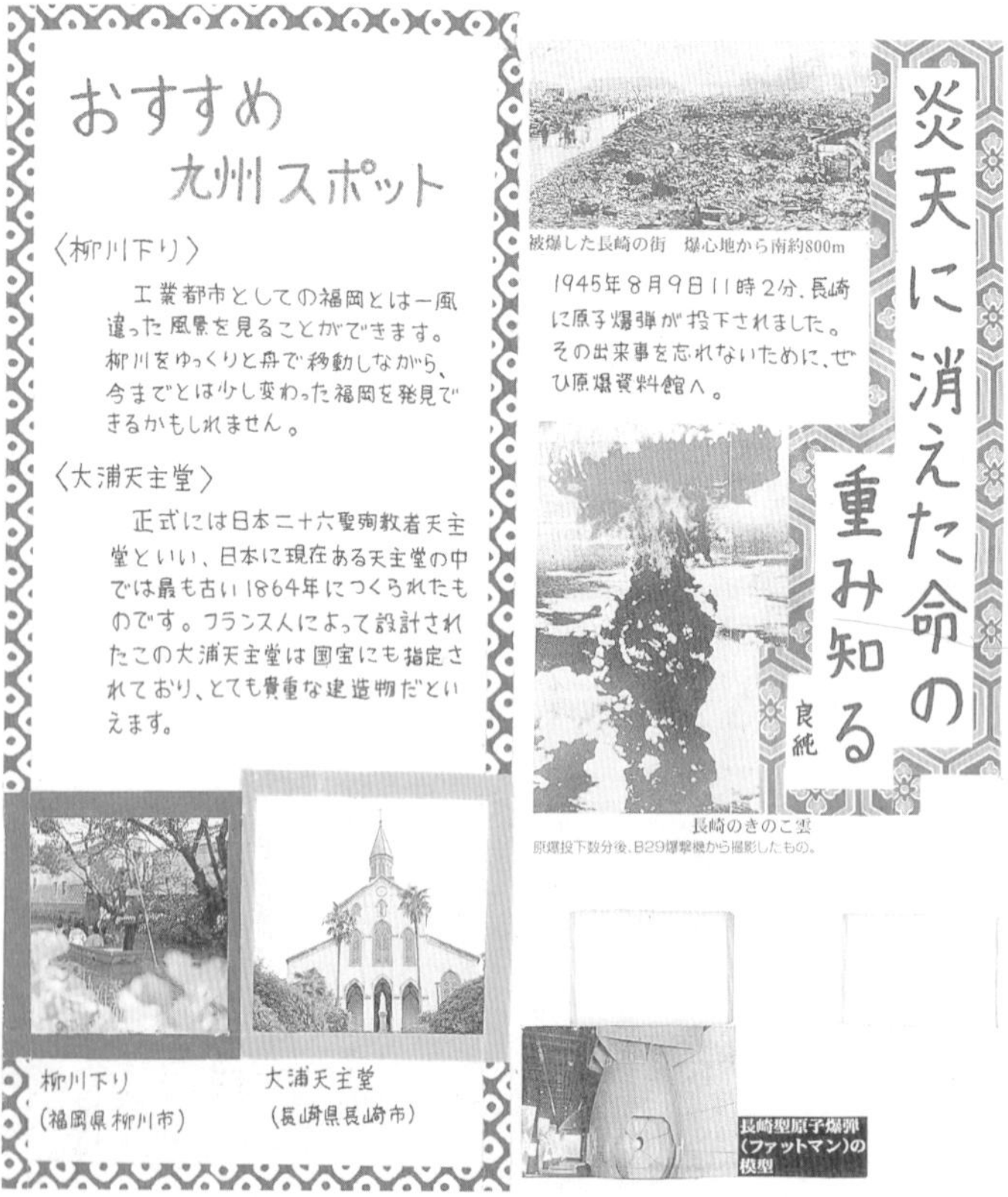
炎天に消えた命の重み知る
良純
被爆した長崎の街　爆心地から南約800m
1945年8月9日11時2分、長崎に原子爆弾が投下されました。その出来事を忘れないために、ぜひ原爆資料館へ。
長崎のきのこ雲
原爆投下数分後、B29爆撃機から撮影したもの。
長崎型原子爆弾（ファットマン）の模型
おすすめ
九州スポット
〈柳川下り〉
工業都市としての福岡とは一風違った風景を見ることができます。柳川をゆっくりと舟で移動しながら、今までとは少し変わった福岡を発見できるかもしれません。
〈大浦天主堂〉
正式には日本二十六聖殉教者天主堂といい、日本に現在ある天主堂の中では最も古い1864年につくられたものです。フランス人によって設計されたこの大浦天主堂は国宝にも指定されており、とても貴重な建造物だといえます。
柳川下り
（福岡県柳川市）
大浦天主堂
（長崎県長崎市）

②ア　白表紙を配付し、二種類から選択した方法の形に折り、表紙、裏表紙、本文と鉛筆で薄く全体の割り付けを行う。

イ　それぞれのページのレイアウトを考えると共に、どこに短歌、俳句（詩）を置くのか考え決定する。

③　本作りの要領を思い出し、飾り罫やカット・思い出の品を貼りつけたり、描いたりして、文章以外のものを先に仕上げる。（一時間・家庭の作業）

④　題名、見出し、韻文、本文と表紙下に製作者名を入れ、完成させる。（一時間・家庭の作業）

⑤　班内で相互評価を行った後、お互いの作品を鑑賞し、文化祭に出品のため提出する。

3　学習指導の評価と考察

(1)　学習の評価

時間の制約という厳しい条件が、簡潔性、明快さという本作りとは違う要素を持つ新しい表現方法の開発につながる結果となった。初めての試みで、イメージ化のための学習資料の準備や展開のためのつぼを押さえたアドバイスなど、不十分であったと反省している。しかしそれにも関わらず予想していた以上に学習者は楽しんで取り組み、丁寧な作品が多く産み出された。転入生以外は、一年生における本作り、二年生における壁新聞作りの経験があるためか、短時間の製作で完成させることができた。

(2)　学習の考察

①　パンフレット作りの表現指導への可能性―A

今回の実践を通して今後の展望が開けたようにも考える。気づきを次に述べてみたい。

ア　構想から構成への指導法開発

パンフレット作りの場合、表紙一ページ分を除くとページ数五～七ページの構成となる。三泊四日という大きな行事の中の数点に絞らざるを得ない。したがって、構成そのものが、自ずと構想の絞り込みという役目を果たさせることにつながる。その意味で、構想から構成への指導に向けた学習指導に役立つと共に、さらにコンパクトにすることで、練習学習としての役割を持たせられる。

イ　構成の作業が明快である。――全体の割り付けが一枚の紙の裏・表で全てでき一目瞭然であるため、「何」を「どこに」置くかという構成が考えやすい。

ウ　紙を折り畳めば、全く違った場面展開が生まれるという仕掛けを持っている。廻り舞台のような仕掛けが「一話完結性」と「場面転換」という変化を産み出している。この構成を活かすことで、多様な表現効果につなげることができる。

エ　商業用に表現、レイアウト共に優れた作品が入手しやすく、身近なモデルとしてイメージ化がしやすい。

②　パンフレット作りの表現指導への可能性—B

記録や説明といった説明的文章や、文学的文章の創作活動を載せる場として、多様な使い方が期待される。

「パンフレット作り評価票」と記述例

一　努力した点、工夫した点

〔写真と文をバランスよく入れようと努力しました。詩や俳句を作るのに苦労しましたが、満足のいく作品が出来たと思います。〕

二　作品

1　キャッチコピー〔長崎に行って心も五月晴れ〕

2　俳句①〔長崎はぬれた若葉が笑う街〕

②〔半そでをまくって遊んだスペースワールド〕

詩

「長崎の空」

ひとつ　またひとつ／平和への願いを飛ばした／長崎の空／／自分自身の目で耳で／
体いっぱいに感じた／長崎の街／／長崎はいつも雨／けれども／私の心の中にある／
思い出の長崎の空は／どこまでもずっと続いていく／青い青い空／／ずっとずっと続いていく……

SSさんの作品へ

〔詩がすばらしかったです。たくさんの写真が使われていて、その時の様子がよくわかりました。〕

（注）『大村はま国語教室5書くことの計画と指導の方法』（筑摩書房　一九八三〔昭和五六〕年）の記述プリントを参考にして作成させて戴いた。

参考文献　『学び方を養うミニ単元学習の指導』増田信一　学芸図書　一九八五〔昭和六〇〕年　一一八〜一二六ページ

三　書く環境の整えの工夫

（一）　心の風景を共有できる教室と表現学習

第Ⅱ章から第Ⅳ章までの実践指導を振り返ればある共通点がある。それは、自分自身が所属している学年の生徒と共に創り上げた実践という点である。二例を除いて入学時から三年間持ち上がった学年か、ないしは新設のために分離開校して入学した学習者である。俳句の指導の一例は、転勤して三年生に所属した学年のもの、もう一例の「はがき歌」のみ、飛び込みの学習指導である。しかし、それもあらかじめ所属する学年での実践を踏まえてかつ、TTという形で本来の教科担任と学習者との人間関係を保ちつつの一時間である。それだけ、表現指導が学習者と教科担任の心の繋がりを要求するものであると、私自身はとらえている。転勤の多い公立中学校においては、転勤した直後は、教室に立っても形だけの教師である。心の距離をどう縮めて表現学習のできる距離にまで近づいていくかということは大前提となる。同じことは学習者間においてもいえることである。ニュータウンでの開校ともなると、学習者は学級数の増加に伴い、出会っては別れ、別れては出会う不安定な人間関係を余儀なくされることもあり、言葉を発することの不安を取り除かない限り表現学習はうわべだけをかすって終わってしまう。そのような中で学習者が安心して物が言える背後には、さらに学習者を包み込む教師間の円滑なチームワークが必要となる。

一言でいえば、心の風景を共有できる教室や学年・学校を創ってこそ、本当の意味での国語科表現学習が成り立つと考える。特活との連携ができる学年や学校というのは、学習者を育てる環境を持っているととらえられるし、また、特活との連携を持とうとすることが、安心して物が言える教室創りにつながると、転勤を重ねた経験から考えている。

（二）　出会い時の指導——日常の喜怒哀楽を短作文で綴る継続学習

1　先達に学ぶ

私は、この「（一）」の課題の解決方法を、実は西宮市の二校目に転任した先の小東敏良教頭先生から学んだ。国語科の先輩教師である。山里の穏やかな小規模校でスタートしたため、国語科は若い教師二人であった。一学年一〇クラスを超える大規模校から転勤してこられた名高いベテランの先生が、新設校創りをしながらどのように学習指導に入られるのかまたとない学習の機会を戴いて、空き時間に教室に入らせて戴く許しを得た。三〇年近い経験を積み上げられた先生が学習指導の最初に必ずされていたのが、短作文を記述させ、班内で読み合う時間を取り、そして発表するという形態の学習指導であった。読み合った中から互選して班で一名、六班六名分の作文を記述者が読み上げて、その後、予定の学習に入るという地味な展開であった。また先生は校務の傍ら、学習者の作文をプリントにされ、時々生徒に配られたり、また、その中から選んでほぼ毎日であったと思うが、職員室の外の黒板に書き写して、廊下を通る者の目に映るようにされていた。

その当時の私には、そのことがどういう流れをくんだものであり、また、どういう意味を持っているのかも、深くはわからなかった。ただ、チャイム着席が課題となる学校において、三年生が日常の喜怒哀楽をノートに綴り、発表していく姿とその内容に不思議な魅力を感じ、見よう見真似ながら自分の預かる二年生の国語教室にも導入していくこととなった。

2　日常の喜怒哀楽を短作文で綴る継続学習

授業の最初の五分という目標ではあったが、もたもたして、なかなかそのようにはいかない。しかし学期始めに導入に一〇分かかろうとも、書き続け、読み合い、発表し続けることがやがては大きな力となっていくことを体得したのはその先生が転勤されてからである。その後、自分自身も三校目の学校に転勤して小規模校で二人しかいない国語科の担当となり、よりその理解を深くすることができた。今にして思えば生活綴り方の流れを汲んで実践指導をされていたと思うが、度々覗かせて戴いたその貴重な学びの場によって書くことの深い意義を見出すきっかけとなった。

例えば一年生を預かった折には入学時の不安な心理状態と一方では中学生になった喜びが表現される。やがて課外クラブへの入部から始まる先輩との人間関係、練習の苦しさ、試合に出場した喜びへと少しずつ行動範囲が広がり、根を張っていく状態がつぶさに見える作文が生み出されていく。三年生の場合は進路のこと、親や兄弟との確執、クラブでの人間関係、登校の道に目に入ることなど、ふだん一緒に過ごしていてもあまり耳に入ることのない心の襞にしまわれている折々の記を紙に走らせていく。

音声表現指導、説明的表現指導、理解と表現の一体化という国語教室の課題はあるが、その土台となる表現しようという心とペンを走らせるという習慣、そして、心が響き合うことの許される国語教室があってこそ、積み上げられていくものがあると考えるようになった。また、廊下を通りつつ、ふっと立ち止まって読み合う学校環境、この

「心の風景」を共有できる教室や職員室があるからこそ、胸にうずまく思いを持った学習者も心を開くことができるとそのように体得した。

「心こころ」という題で私自身も一枚文集に書き写し、また学期ごとにB四サイズ三枚程度の学年文集、また、新しく新設校創りに関わった時の開校記念文集作り等ささやかながら転勤した先ざきで手掛けていったのは、地道な実践をされ続けた先達の姿に学んだからである。また、それを読み合う学習者の手にした時の反応をささやかな楽しみとして感じるようになったからであると思う。

（三）　学年だより、学級だよりと文集作成によるフィードバック

1　特活との連携による書き、読み合う環境の設定

先に述べた背景のもと、ささやかながら「学年だより」、「学級だより」と「文集」作成によるフィードバックを試みている。

佐津における転地学習の取り組みは学年の教師も全員書いて、生徒全員分と共に「学年だより」としてフィードバックした。担任も教科担任も一つ心で共に暮らす運命共同体、どこかにそのような安心感があって学習者はやがて自分の個性を花開いていく。「自立と共生」を学年の柱に据えたがそれを可能にするのが、「共学び、共育ち」という実践の姿であり、開校以来理念として練り上げた「自治活動」を主体に据えた諸活動である。一つの教科だけが学習者を主体に据えた実践展開と考えても、九教科で学習指導する中学校の場合、不可能に近い。切り込みの方法は違っても実践の背景に特活との連携を図り、縦糸に自立、横糸に共生を織り上げる姿を置いてこそ、学習者を主体に据えた教科の学習指導を産み出すことができる。まして、表現指導という心と不即不離の学習は、なおさら

である。

次に掲載する短作文は、入学後一ヶ月程の間の学習者の心模様の一端を紹介した学年便りの一部である。この学習者は「ぼくの防空壕」「想う」「短歌の学習」「俳句　二」「長崎の修学旅行における意見文」「本作り」「パンフレット作り」と同じ学習者である。佐津の転地学習における表現指導の第一歩は、実はこの入学直後の短作文指導の時点ですでに始まっている。情景の切り取り方、書き出しの工夫、この二点に絞って折々書く活動をし、学年便りにのせ、心と言葉の共有を行った。その上で「旅便り」、「本の扉に載せる俳句（短詩）」等の学習が積み上がり、全員の作品を完成することができたと考えている。

もちろん土台はあくまで土台である。その上に必要な言語技術をどう載せるのか、それが以後の私の課題となったが、「(一)」で述べたように「心の風景」を共有できる教室作りが全ての土台であると考える。

このようにして、書き、読み合う環境を整えつつ、「書き方」の学習指導に入っていった。同時に課題解決学習を中心に据え、「ぼくの防空壕」の実践が出来る下地作りを進めていった。この学年の卒業に向けた動きを記すと、卒業式実行委員会―「社会、英語、体育」、卒業文集担当―「数学・理科・技術」、卒業の歌担当―「音楽」が中心となり「文集作り」、「卒業式のコール（群読）」、「合唱指導」を分担して自治活動の最後の仕上げに入っていった。一年生での学年通信の立ち上げ、二年生のスキー実習における学年文集等一つの形をまず作り、提示すれば、そこに学年の力がベクトルとなって国語科の手を離れてふくらんでゆく。三年生の学年便りは、二年間共に持ち上がった理科の先輩教師が引き継いで発行を継続していった。その中で私は、国語科と特活との橋渡しができる環境設定や、国語科ならではの意見文・手紙指導という新しい学習指導を切り開いていくことができた。

現在、総合的学習が取り組まれ、教科の枠をこえた動きの中で学習者を育てようという動きが出てきているが、その土台作りが何かということを一二名の学年職員と入学時二五〇名、卒業時二七四名の学習者に学んだ。

後で出てくる「校門をまたいだ瞬間」という題材で四月一三日にこの短作文を書いたＫＫ君は、その後生徒会の執行部として学校を動かし、修学旅行先で平和宣言を群読し、また、巣立ちの言葉を仲間と共に群読して巣立っていった。国語科と特活との連携による表現指導の可能性は、さらに開拓されていくと考えている。

2　学年便りに掲載した短作文の実際

学年便り――（一九九六年四月二二日№2――①、②より）

陽春に

　心の頁をめくられて

担任の先生方とともに過ごしたオリエンテーション期間の第一週、そして授業の始まった第二週めまぐるしく変化する日々の一瞬を切り取って記録に残しました。二五二名の皆さんのほんの一部しか紹介できないのが残念ですが、読み合うなかでお互いの心の発見をしてもらえれば幸いです。

学年だより

1996年5月26日
第１学年
（№5）
短作文記述
「5・14～5・23」

自治活動の結晶を携えて
さあ　佐津に行こう！

ピンクの表紙に包まれた、ハンディタイプの転地学習のしおり。３６頁に構成されたこの一冊には、一年生の自治活動の結晶が詰まっています。

５月１日の第一回実行委員会に始まって、実行委員会は六回を数え、一方、その間に各学級での報告・討議・活動がピストン運動のように繰り返され、しおりに記されているような決定事項が生み出されていきました。「ファイト一発！」という威勢のいいスローガンや、「あいさつをしっかりする」「相手の気持ちを考えて」「自信を持って　自分から進んで」という全体的なきまり、そして持ち物や宿舎割り当て、バスの座席、キャンプファイアーのスタンツ、入浴順・入浴時間等々、各係の提案に対して、大きなものから小さなものまで、全て自分たちで知恵を寄せ合い、考えて決定していきました。

「自治活動」…もう大人の準備段階に入った皆さんです。「こうしなさい」「ああしなさい」といわれて渋々・嫌々やる活動と、班やクラス、係活動等、自分たちの英知を結集してどんどん主体的にやっていく活動と、どちらが楽しい活動になるのか、それを選ぶのは皆さんの意識やクラスの人間関係にもよると思います。今回、中間テストをはさみつつ、短い日程で、しかも限られた時間の中でこの一つひとつの作業をどのクラスもやり遂げてくれました。皆さんの意識の高さやクラスのまとまり、そして中心となってくれたリーダーの存在があればこそ出来たのだと拍手を送っています。

さて、明日からの転地学習は、この自治活動の結晶である「しおり」をもとに活動していくことになります。皆さんの意識が本物であるかどうかは、しおりに記された内容が「実際の場」で「どう実践されていくのか」ということにつながっていくと考えます。

「決められた約束を守る」、これはゆりのき台中三つのキーワードの一つにつながりますが、一つは「自分を磨くため」、そしてもう一つは「集団に迷惑をかけずに共に伸びていく」ために大切にしなければならない考え方です。これを「規律」と呼びます。ゆりのき台中学校では「マナー」と呼んで大事にしてきている考え方です。入学して６週間、二年生、三年生の姿を通して、この「マナーを守って共学び、共育ちをしていこう」と学んだことを、持ち物や、時間、あるいは電車、宿舎、佐津の自然の触れ合いの中でみなさんがどう活かしていくのか、一年生の先生方は皆楽しみにしています。

「ばれなければいい」「みつからなければいい」という考え方もあるでしょう。でもそんな時、「自分を磨く」ことにつながるのかな、と立ち止まってみて下さい。また、「集団に迷惑をかけずに共に伸びていく」ことにつながるのか、我に返って下さい。ホームルームで積み上げてきたことを積み木くずしのようにつぶすことにならないだろうか。放課後残って、話し合いをし、実行委員会だよりを書いたリーダーやクラスの友達を悲しませないだろうかと。

「自治と規律」、中学生として自立していくために大切な大切な栄養素です。クラスの団結や本物の友情もそこから生まれます。「行きの荷物は軽く、帰りの荷物は思い出を一杯詰めて帰ろう」という実行委員会担当の濱根先生の言葉（実行委員会便り№５）もそこに根ざしておられると考えます。

取り組みの段階ではまず合格。さあ、大海原の佐津の地で、自治活動の結晶の「しおり」をもとにマナーを守って立派にやり遂げ、「中学生としての自信と希望」を一杯詰めて帰ってほしいと期待しています。２５２名の皆さん「ファイト一発！」

[redacted]

私は二週間程大好きな部活に出ていません。毎日じゃないけど、行ったらほとんど終わりです。でも私は全然嫌ではありません。転地学習の話し合いがあるのです。みんなが楽しく安全に行けるようにああでもないこうでもないと真剣に話し合います。

「ファイト一発」みんなで決めたスローガンです。私は一生懸命ファイトでがんばります。

[redacted]

ぼくは今中間テストのことで頭が破裂しそうだ。たった２日間で５教科のテストをするのは、ぼくにとっては一大事だ。覚える言葉は一杯ある。そんなに覚えられる、と思うくらい覚えることは多い。

ぼくは、今毎日頭を抱えて、体と机をひっつけて苦しんでいる。

[redacted]

「さようなら」

さあこれから、部活の時間です。

走って部活に行き、服を着替えてランニング、体操、キャッチボール。そうぼくは野球部です。毎日楽しみにしています。

そしてぼくにとってのビッグニュース！

この前の日曜日に試合がありました。そして僕は試合に出さしてもらいました。

いろいろな不安におしつぶされそうだったけど、思いっきりプレイしました。

[redacted]

中学校入学式から１か月が過ぎた。友達もたくさんできたしクラブ活動も始まって、とても楽しい学校生活だったのに、それを裏返すように日に日に勉強がむづかしくなってきた。

小学校から一つ上がっただけのはずが、突然、違い！ムヅカシイの勉強にいつの間にかなっていた。

入学式の日から音もなく近づいた勉強、しっかり予習・復習をしなければと、実感した。

[redacted]

ぼくは、毎日自転車で学校に通っている。坂道が多く、特に登校がしんどい。しかし、毎日目標を決めていて、例えば「今日はあそこまで坂を登り切るぞ」などだ。そうすればいつか押さないでも坂を登れると思ったのだ。

案の定、その通りになり、自分の成長にびっくりした。

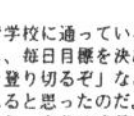

[redacted]

「はじめ」

という合図で始まったテスト。先生がいつもと違う目をしていた。これまでテストに向けての話を幾つか聞いていたが、この時が一番「テストだ」という実感がわいた。

まだ、中学校のテストはどういうものなのかが分からなかった。知らなかった。けれど全て「はじめ」の瞬間分かる。知ることができる。

緊張の半面「期待」もあったのかもしれない。

校門をまたいだ瞬間　　　　　　　　　　ＫＫ

ぼくがこの一〇日間で一番忘れられない事、それは初めて校門をまたいだ事です。入学式の時、初めて校門をまたぎました。その時体の中にジワーンと何かがとけたような感じがして、頭の中には中学校への不安や喜びなどで頭がむちゃくちゃになっていて、何がなんだか分からなくなるような状態でした。

パソコン室　　　　　　　　　　ＹＵ

「ワァー」

パソコン室に入ってみるとたくさんのパソコンがずらりと並んでいた。学校にこんなたくさんのパソコンがあるとは思ってもみなかった。学校でパソコンの授業があると思うと、胸がわくわくしてきた。「早くやりたいなあ」「でも私にできるかなあ」などいろいろな思いでいっぱいだった。

技術の時間、パソコン室に行きました。私は、一三番に座った。先生の言うようにマウスを動かすと画面が次々と変わっていきます。いろいろとやってみると、自分の書きたいものが少しずつできるようになっていきました。「そこで終わり!」と言われた時、「もっとやりたいな」と思いました。

こんどの技術の時間が楽しみです。

上級生にびっくり　　　　　　　　　　ＹＫ

ぼくは、入学式の時やオリエンテーションや、生徒朝礼の時に前でしっかり話してくれたり、先生の話を聞いている時は一言もしゃべらずにがんばってやってくれていて、びっくりしました。

やっぱり、中学生の人はすごいなとびっくりしました。

一番印象に残ったこと　　ＳＭ

私が中学校で一番印象に残っていることは、やっぱり入学式の日のことです。私は春休みに引っ越ししてきてこのゆりのき台中学校になる子で、友達は一人もいませんでした。「ここなら、引っ越ししてきたばっかりの子いっぱいいるよ」とお母さんたちに言われていて安心していたものの、いざ入学式になると、とても不安で「どうしよう」と思っていました。

そして入学の日、入学式前にクラス発表を見て、一人で立っていると、女の子が話しかけてくれました。私もそうだったから同じような子がいて、とてもほっとしていました。その子は二組で別れてしまったけれど、一組でもいろんな子が話しかけてくれて、今は友達もできました。

「やさしく話しかけてくれる子がたくさんいる学校でよかったなあ」と思います。

入学式の時、ぼくは緊張してガチガチでした。　　ＴＮ

だんだんクラスに慣れてきていろいろな係を決めました。小学校の時代表委員という係がありました。今までそんな代表委員を「どうして放課後まで残ってそんなんやるん」とか思ってやらなかった。しかしぼくは中学になってから「ぼく学級代表をする」と手をあげました。なぜあげたのかその理由の一つは、今までぼくは係をまともにしなかった。もう一つは中学校をもっと楽しくしたい！と思ったからです。その初めて自分から係をする！という気持ちとその意志をずっと残しておきたいです。

だれでも私の友達　　　　　　　　　　　　　　　　　ＫＩ

「キーンコーン　カーンコーン」　一時間が終わった。とたんにみんな外へ飛びだす。バレーボールをしてんなと私は、楽しく遊ぶ。他のクラスの子が「入れて」と遊びに来た。「いいよ!」

入学式から二週間たった今、どんな子とも楽しく遊べるようになった。友達っていいな。

友達　　　　　　　　　　　　　　　　　　　　　　ＵＫ

入学してから二週間。だんだん新しい友達ができてきた。今はまだ「〇〇〇さん」「〇〇〇君」と、「さん君」で呼んでるけど、もう少したったらお互いニックネームや名前で呼び合う仲になりたいと私は思っている。

3　学年便りの中の言葉かけの一節

――一九九六年五月二六日No.五より（短作文記述五月一四〜五月二三日）

自治活動の結晶を携えて

さあ　佐津に行こう!

ピンクの表紙に包まれた、ハンディタイプの転地学習のしおり。三六頁に構成されたこの一冊には、一年生の自治活動の結晶が詰まっています。

五月一日の第一回実行委員会に始まって、実行委員会は六回を数え、一方、その間に各学級での報告・討議・活動がピストン運動のように繰り返されしおりに記されているような決定事項が生み出されていきました。「ファイト一発！」という威勢のいいスローガンや、「あいさつをしっかりする」「相手の気持ちを考えて」「自信を持って自分から進んで」という全体的なきまり、そして持ち物や宿舎割り当て、バスの座席、キャンプファイアーのスタンツ、入浴順・入浴時間等々、各係の提案に対して、大きなものから小さなものまで、全て自分たちで知恵を寄せ合い、考えて決定していきました。

「自治活動」…もう大人の準備段階に入った皆さんです。「こうしなさい」「ああしなさい」といわれて渋々・嫌々やる活動と、班やクラス、係活動等、自分たちの英知を結集してどんどん主体的にやっていく活動と、どちらが楽しい活動になるのか、それを選ぶのは皆さんの意識やクラスの人間関係にもよると思います。今回、中間テストをはさみつつ、短い日程で、しかも限られた時間の中でこの一つひとつの作業をどのクラスもやり遂げてくれました。皆さんの意識の高さやクラスのまとまり、そして中心となってくれたリーダーの存在があればこそ出来たのだと拍手を送っています。

さて、明日からの転地学習は、この自治活動の結晶である「しおり」をもとに活動していくことになります。皆さんの意識が本物であるかどうかは、しおりに記された内容が「実際の場」で「どう実践されていくのか」ということにつながっていくと考えます。

「決められた約束を守る」、これはゆりのき台中三つのキーワードの一つにつながりますが、一つは「自分を磨くため」、そしてもう一つは「集団に迷惑をかけずに共に伸びていく」ために大切にしなければならない考え方です。これを「規律」と呼びます。ゆりのき台中学校では、「マナー」と呼んで大事にしてきている考え方です。入学して六週間、二年生、三年生の姿を通して、この「マナーを守って共学び、共育ちをしていこう」と学んだことを、持ち物や、時間、あるいは電車、宿舎、佐津の自然の触れ合いの中でみなさんがどう活かしていくのか、一年生の先生方は皆楽しみにしています。

「ばれなければいい」「みつからなければいい」という考え方もあるでしょう。でもそんな時「自分を磨く」ことにつながるのかな、と立ち止まってみて下さい。また、「集団に迷惑をかけずに共に伸びていく」ことにつながるのか、我に返って下さい。ホームルームで積み上げてきたことを積み木くずしのようにつぶすことにならないだろうか。放課後残って、話し合いをし、実行委員会だよりを書いたリーダーやクラスの友達を悲しませないだろうかと。

「自治と規律」、中学生として自立していくために大切な大切な栄養素です。クラスの団結や本物の友情もそこから生まれます。「行きの荷物は軽く、帰りの荷物は思い出を一杯詰めて帰ろう」という実行委員会担当のH先生の言葉（実行委員会便りNo.5）もそこに根ざしておられると考えます。

取り組みの段階ではまず合格。さあ、大海原の佐津の地で、自治活動の結晶の「しおり」をもとにマナーを守って立派にやり遂げ、「中学生としての自信と希望」を一杯詰めて帰ってほしいと期待しています。二五二名の皆さん「ファイト一発！」

野球部　　TK

「さようなら」

さあこれから、部活の時間です。

走って部活に行き、服を着替えてランニング、体操、キャッチボール。そうぼくは野球部です。毎日楽しみにしています。そしてぼくにとってのビッグニュース！

この前の日曜日に試合がありました。そして僕は試合に出さしてもらいました。いろいろな不安におしつぶされそうだったけど、思いっきりプレイしました。

学習　ＨＷ

中学校入学式から一か月が過ぎた。友達もたくさんできたしクラブ活動も始まって、とても楽しい学校生活だったのに、それを裏返すように日に日に勉強がむずかしくなってきた。

小学校から一つ上がっただけのはずが、突然、速い！　ムズカシイの勉強にいつの間にかなっていた。

入学式の日から音もなく近づいた勉強、しっかり予習・復習をしなければと、実感した。

朝の登校　ＴＨ

ぼくは、毎日自転車で学校に通っている。坂道が多く、特に登校がしんどい。しかし、毎日目標を決めていて例えば「今日はあそこまで坂を登り切るぞ」などだ。そうすればいつか押さないでも坂を登れると思ったのだ。

案の定その通りになり、自分の成長にびっくりした。

はじめ　ＭＫ

「はじめ」

という合図で始まったテスト。先生がいつもと違う目をしていた。こ

三枚文集の実際

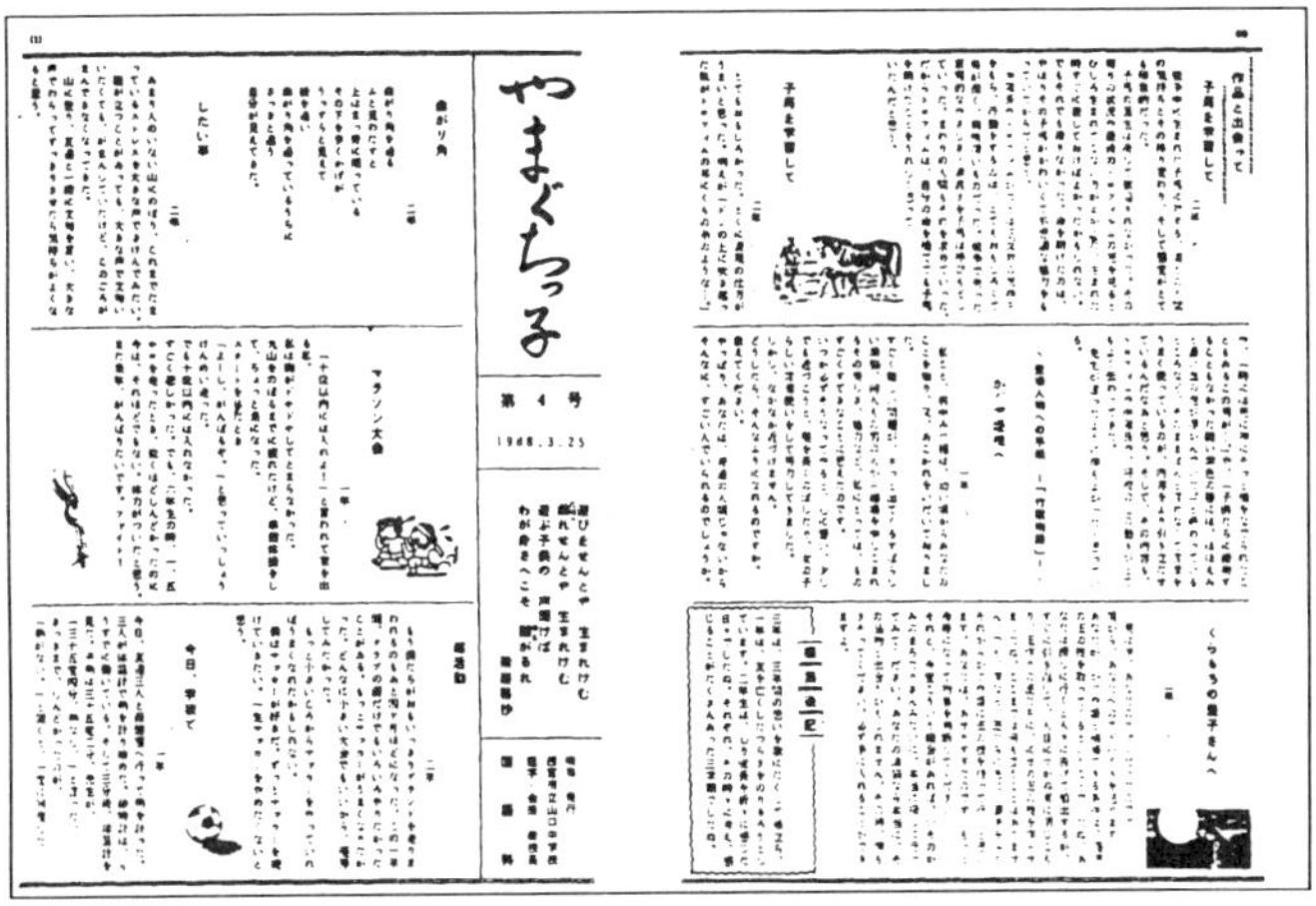
やまぐちっ子
第４号

れまでテストに向けての話を幾つか聞いていたが、この時が一番「テストだ」という実感がわいた。まだ、中学校のテストはどういうものなのかが分からなかった。知らなかった。けれど全て「はじめ」の瞬間分かる。知ることができる。

緊張の半面「期待」もあったのかもしれない。

ほんの一端の紹介にすぎないが、入学時の中学生の心模様は、歳月が経とうともそんなに大きな変化があるとは思えない。期待と不安とがないまぜになった状態で立ち上がっていくが、その時、書き合い、読み合う中で不安定な心や求め合う心、伸びようとする心をすっとすくいとり、その心をさりげなくどう共有させるかが大切かと考える。学年便りに載せれば教科担任も目を通し、学習者の心理状態を把握しつつ教室に向かうことができる。また、教科担任の心も伝えることができる。そして、佐津の転地学習の中で学年担任も含め全員の作品を載せ終えて、初めて私たちの生徒とその名前と表情、個性が浮かびあがってきたように思う。

次の俳句（短詩）は「学年便り」佐津転地学習編に一年一組の記述例と共に掲載した学年職員の作品である。

おそらく多くの学校でなされている育ての道筋ではないかと思われるが、学習者の心の扉をいかに開かせるかという過程が鍵となると考える。文化祭の終わる一一月頃迄この地味な作業を折々続け、一方では本作りを進めていった。

三年間を振り返った時、まさしくこれらの一連の過程がその後の土台作りではなかったかと考える。当然、生活指導上の課題が生じることもあった。しかしいくら人数が多くても学年集会を重ね、多くの教師の語りかけや時には入学時の作文にふれて初心に返ろうと呼びかけることで、二百数十人いても心は通うという希望を持ち続けることができた。

国語教室の中でこそ出来ることと特活という学年、学校、地域、あるいは地域を越えた出口を持つ場で出来ることの連携が、機能的表現指導を実現する方法論ではないかと考える。そして、それを支えるための土台作りを教科として学年としてどう用意するのか、これは国語教室の経営と学年、学校経営の両方から学習者の育てを考え出す年代の者に課せられた課題でもあり、妙味ではないかと一連の実践を振り返って学んだことである。

学年担任団の作品

火を囲み踊り狂ったＵＦＯを　ＭＡ
寝顔みて心安らぐ佐津の夜　ＫＨ
佐津の地も三田と同じ新緑か　ＨＩ
じりじりと焦げる素肌と冷やり水　ＴＴ
佐津の海水の冷たさ身に滲みる　ＳＨ
ファイト一発笑顔が咲いた初夏の浜　ＳＫ

楽しかったよみんなで踊ったたいやきくん　ＴＩ
ガラス片佐津の海では宝物　ＹＴ
浜あそび子等の背中を夕陽染め　ＨＡ
新緑に映えるハマナス我が姿　ＨＭ
波通う五〇〇の瞳輝かせ　ＨＭ

おわりに

理解と表現を一体化した国語科学習指導の姿、および特活との連携を図った表現指導の姿の一つ一つを報告した。それは、また、視点を変えると、内燃力をどう育て、どのような指導法を組み込んで展開を図るのかという問い掛けでもある。学習指導過程や学習の手引き、学習資料、人的環境をどう整えるかという実践課題でもあった。整理し、追究していかなければならないことがまだまだあり、ようやく課題の全体が見えてきだしたというところであるが、朱熹の「偶成」のごとく、「秋声」を感じる時期となった。

本書に掲載した実践は、国語教育実践理論の会（国語教育実践理論研究会、ＫＺＲ）で発表し、そのご指導を戴いたものに加筆させて戴いたものがほとんどである。会祖飛田多喜雄先生を始めとした、国語教育に携わる方々との毎夏、毎春の合宿による実践研究によって少しずつ私自身の殻を破り、実践に向かうことができた。現場を預かっているという意味での厳しさと、しかし、学ぼうという姿には、温かい心で接して下さるという会全体に流れる導きの姿に支えられ、実践の歩みを続けることができた。また、その会で出会った実践家との交流に、多くの刺激と示唆を戴くこととなった。同時に豊かな感性で受け止め、私に多様なことを気づかせてくれた学習者の学びの姿があってこそ、教室に返したいという思いで実践したことをまとめ、拙いながらも指導を受けるために毎年発表の原稿を作り続けることとなった。さらに、そのような落ち着いた学習環境を整えようと地道な努力をして下さった学校関係者にも支えられて歩みを進めることができたのだと振り返って感じている。導き続け、支えて下さった多くの方々にお礼を申し上げたい。

本書は、院在学中の指導教官であった菅原稔教授のご指導と、前鳴門教育大学学長（広島大学名誉教授　鳴門教育大学名誉教授）野地潤家先生のご尽力を戴いて形にすることができた。野地潤家先生には若き日に滋賀の膳所の地でのご講演を機にご縁を戴き、この道を長く続けるきっかけを作って戴いた。その野地潤家先生に、区切りを迎えた時点で実践の財産を積み上げるという視点を戴き、少しずつ資料の整えに入ることができた。逡巡することもあるなかで、偶然滋賀の地に再び立った折、きらめく湖面を吹き抜ける風に当たりながら万葉歌が口をついて出、そしてこの地で導かれた野地潤家先生のお声が重なった。どこまでも仏様の手のひらの上で歩ませて戴いている人生であると、有難く深いご恩を感じずにはいられない。

また、菅原稔教授には卒業後にもかかわらず、院生、学部生の指導の合い間を縫って、著書全体に関わってご指導戴いた。兵庫教育大学附属小学校校長を兼任という大変ご多忙な身にもかかわらず心を砕いて下さり、資料を整えて下さった。何とお礼を申しあげてよいか分からない。両先生に厚く、深くお礼を申しあげたい。

一方、本書を編成するにあたり、各出版社および刊行委員会より快く転載の承諾を戴いた。ご厚情に甘えさせて戴くと共に心より感謝を申し上げたい。

なお、本書の出版にあたって溪水社の木村逸司社長、坂本郷子氏からは、編集・校正の細部に至るまで格別のご高配を戴いた。末筆ながらあつく感謝申しあげる次第である。

平成十三年七月五日

宝代地　まり子

［著者紹介］
宝代地　まり子（ほうだいじ　まりこ）

1950年大阪市に生まれる。
1970年三洋電機株式会社退職。1974年関西大学文学部国文学科卒業。兵庫県西宮市公立中学校に16年間、兵庫県三田市公立中学校に９年間教諭として勤務。この間兵庫教育大学大学院に内地留学し1996年卒業。三田市公立中学校教頭を経て、現在京都女子大学・京都女子大学短期大学部非常勤講師。
国語教育実践理論研究会、日本国語教育学会、全国大学国語教育学会会員。

［主要論稿］
（共著）「古人の心・言葉の響きにふれる随筆の学習」（『〈国語科のキーワード５〉楽しく学べる古文・漢文の指導』巳野欣一編　明治図書　1989年３月）、「表現の特色に力点をおいた研究『短歌の世界』中２」（飛田多喜雄『誰にもできる国語科教材研究法の開発』明治図書　1990年２月）、「俳句指導を通して言語感覚を豊かにする指導」（斎藤喜門・国語教育実践理論の会『中学校新しい「言語事項」学習指導法の開発』東京書籍　1992年６月）、「ニューレトリックが示唆する意見文指導の今日的意義」（『増田信一先生退官記念論集』増田信一先生退官記念論集刊行委員会　2000年７月）

［現住所］
〒651-0056　兵庫県神戸市中央区熊内町４丁目10番６－1401

中学校国語科表現指導の探究

2001（平成13）年８月１日　発行

著　者　宝代地　まり子
発行所　㈱渓水社
広島市中区小町１－４（〒730-0041）
電　話（082）246－7909
FAX（082）246－7876
E-mail:info@keisui.co.jp

ISBN4－87440－655－6　C3081